Heiko Hörnicke

Aufbruch im dritten Lebensalter

Darum, liebe Brüder, bemüht euch desto mehr,
eure Berufung und Erwählung festzumachen.
Denn wenn ihr dies tut, werdet ihr nicht straucheln.
2. Petrus 1,10

Heiko Hörnicke

Aufbruch im dritten Lebensalter

Gottes Berufung für die Generation plus

* * *

Mit einem Geleitwort von Klaus Eickhoff

Die Deutsche Bibliothek verzeichnet diese Publikation in der Deutschen Nationalbibliografie; detaillierte bibliografische Daten sind im Internet über http://dnb.ddb.de abrufbar

Umschlaggestaltung: Simone Hark-Schmidt, Offenbach
Umschlagfoto: PhotoCase.com
Satz: David Neufeld, Schwarzenfeld
Herstellung: AALEXX Druck GmbH, Großburgwedel

ISBN 3-937896-21-X, Bestell-Nummer 588 621

www.neufeld-verlag.de

INHALT

Geleitwort
von Klaus Eickhoff

Vor Jahren las ich den Satz: »Alt werden möchte jeder, alt sein dagegen keiner.« Das hört sich an, als ob alt sein etwas Schlimmes wäre, das man möglichst vermeiden sollte, aber leider nicht kann. Mit solchen schillernden Ansichten und Gefühlen räumt Professor Dr. Heiko Hörnicke gnadenlos auf. Er vergleicht das Altersbild unserer Gesellschaft mit dem der Bibel. Welch ein Unterschied tut sich da auf! Der, der uns geschaffen hat, hat das, was wir »Alter« nennen, mit einem besonderen Glanz versehen: Lebensreife! Eine Zeit, der es freudig entgegenzusehen gilt.

Das Buch, das Sie in den Händen halten, ist ein wahrer Augenöffner dafür, dass im Alter ungeahnte schöne Möglichkeiten liegen. Es schenkt und weitet den Blick für einen neuen Horizont, den tiefen Sinn des »dritten Lebensalters«. Was es hier zu lesen gibt, geht darum nicht nur die an, die bereits alt sind, sondern besonders auch die, die es gerne werden möchten. Dazu sind die Weichen rechtzeitig zu stellen! »Wer schon immer geistig rege war, wird das auch im Alter fortführen können«, schreibt Heiko Hörnicke. »Und wenn Gott mich noch nicht heimgeholt hat, dann hat er offensichtlich noch etwas mit mir vor.« Das klingt nach Chance, Aufbruch in ein neues Land.

Äußerst hilfreich empfinde ich die vielen konkreten Beispiele, wie sich die Generation plus einbringen kann in die Gemeinde und in die Gesellschaft. Das macht das Buch zu einer wahren Ideenbörse. Diese kleinen Hilfen mit großer Wirkung vom »Witwenkurs in der eigenen Ehe« bis zur »Berufung zur geistlichen Elternschaft« haben mich beim Lesen bewegt und begeistert. Hilfreich sind die Literaturangaben nach jedem Kapitel.

Dem Verfasser gelingt es sogar, das Thema, das wir meistens angestrengt verdrängen, in das Licht zu stellen, in das es seit je gehört, das in unserer Zeit aber regelrecht ausgeschaltet wird. Er bedenkt unser Sterben und den Tod in einer Weise, die dem Leser das Grauen nimmt, das sich oft damit verbindet. »Freuen auf die Ewigkeit!« Das ist hier nicht ein religiöses Schlagwort. Die Freude stellt sich ein, wenn man das 12. Kapitel liest.

Sie halten ein bewegend schönes Buch in Händen, das längst hätte geschrieben werden müssen.

Klaus Eickhoff, geboren 1936, war Rektor des »Werkes für Evangelisation und Gemeindeaufbau« der Evangelischen Kirche A. B. Österreich und verfasste eine Reihe von Büchern. Heute lebt er im Ruhestand in Sierning/Österreich, schreibt, hält Vorträge und ist Dozent der Akademie für christliche Führungskräfte (AcF).

Vorwort

Was hat mich dazu gebracht, dieses Buch zu schreiben? Das hängt mit meiner Biographie zusammen; mit meinen persönlichen Erfahrungen. Ich bin in einer Familie aufgewachsen, die humanistisch geprägt war. Meine Eltern traten frühzeitig aus der Kirche aus, die für sie bedeutungslos war. So wuchs ich ohne christliche Unterweisung auf. Ich wurde nicht getauft, hatte keinen Religionsunterricht in der Schule, bekam nie eine Bibel in die Hand. Ich studierte Veterinärmedizin und war zuletzt Hochschullehrer für Biologie an einer süddeutschen Universität. Hier wurde ich mit 51 Jahren Christ – durch eine missionarische Hauskreisarbeit. Das war für mich eine Lebenswende.

Nun hatte ich das Glück, sehr viel gute christliche Unterweisung zu erhalten. Gemeinsam mit meiner Frau lernte ich den Segen einer christlichen Kleingruppenarbeit kennen. Eines Tages waren wir vor die Frage gestellt: Wo liegen unsere Prioritäten? So ließ ich mich mit 60 Jahren beurlauben, um ganz für einen ehrenamtlichen Dienst im Reich Gottes verfügbar zu sein.

Dieser Ausstieg hat uns in neue Erfahrungen hineingeführt. Ich war gerne und erfolgreich Forscher und akademischer Lehrer. Die Aufgaben im dritten Lebensabschnitt forderten uns jetzt auf neue Weise heraus und gaben unserem Leben eine zielorientierte geistliche Perspektive. Wir erlebten Reich Gottes in großer Weite und Vielfalt. Dazu gehörte, dass wir als geistliche Eltern berufen wurden. Wir begleiteten und begleiten junge Menschen in ihrem Glaubensweg und ihrer beruflichen Entwicklung. Wir erfuhren Seelsorge an uns selbst und konnten anderen seelsorgerlich helfen. Jetzt eröffnen sich uns im Seniorenbereich neue Arbeitsmöglichkeiten ...

Diese Erfahrungen möchte ich weitergeben und in verschiedenen Bereichen entfalten. Das ist das Anliegen dieses Buches. Es soll ermutigen, auch im Alter seinen Glauben zu leben und viel von Gott zu erwarten. Es will vielfältige Anregungen geben, wie und wo wir mit unseren Gaben mitarbeiten können. Und es erwähnt, wie Gemeinden ältere Menschen mit dem Evangelium erreichen und ihnen zu einem erfüllten Leben helfen können und was ältere Menschen in ihre Gemeinden einbringen können. Dieses wichtige Thema bedarf aber einer gesonderten ausführlichen Darstellung.[1]

Das Buch wendet sich zunächst an Einzelne. Die Fragen am Ende der einzelnen Kapitel können zum persönlichen Nachdenken anregen, aber auch zum Gespräch in Kleingruppen. So kann es als ein Arbeitsbuch verwendet werden, um sich eingehender mit den angesprochenen Themen auseinanderzusetzen. Die einzelnen Kapitel können dabei unabhängig voneinander behandelt werden.

Ich bin voller Dank für viele geistliche Wegbegleiter und vor allem dafür, dass ich diesen Weg gemeinsam mit meiner Frau gehen kann.

Heiko Hörnicke
Münsingen, im Februar 2006

Einführung

Dieses Buch wendet sich an Christen. Also an Menschen, die eine persönliche Beziehung zu Jesus Christus haben. Es geht in erster Linie um Menschen, die sich auf den Ruhestand vorbereiten oder den dritten Lebensabschnitt schon erreicht haben. Das Buch möchte ihnen helfen, ihrem Alter erwartungsvoll entgegen zu sehen. Es will herausfordern, diese Jahre vom christlichen Glauben her zu gestalten. Dabei soll deutlich werden, dass die biblische Sicht unseres Lebens und Sterbens realistisch und praktisch ist und ungeahnte Möglichkeiten erschließt.

Wenn wir im Ruhestand sind, liegt der größere Teil unseres Lebens hinter uns. Wir wissen nicht, ob uns noch wenige oder viele Lebensjahre beschieden sind. Um so kostbarer ist die Zeit, die uns verbleibt. Womit wollen wir sie füllen? Als Christen fragen wir uns: Hat unser Tun und Sein Bedeutung für das Reich Gottes? Sind wir noch in unserer Bestimmung, folgen wir noch Gottes Plan?

Es gibt viele Bücher über das Alter. Aber nur wenige sprechen diese zentralen Glaubensfragen an. Vor allem fehlt es in der deutschsprachigen Literatur an Werken, die älteren Menschen helfen und sie ermutigen, im dritten Lebensabschnitt mit ihren Gaben zu dienen. In englischer Sprache sind dagegen die Bücher von Don Anderson, von Win und Charles Arn sowie von Roger Palms zu nennen, denen ich viele Anregungen verdanke (siehe die Literaturhinweise ab Seite 147).

Ich möchte in diesem Buch vorwiegend die Aspekte unserer Berufung *im Alter* ansprechen. Worum es bei Gottes Berufung im umfassenden Sinne geht, kann hier nicht ausgeführt werden.

Die Bibel kennt den Begriff des Ruhestandes nicht. Gottes Aufträge und Gottes Verheißungen haben keine Altersgrenze. Die Bibel weist gerade den Älteren wichtige Aufgaben in der Gemeinschaft der Gläubigen zu. Sie sollen in ihrer Berufung leben. Im alten Israel, aber auch in den neutestamentlichen Gemeinden wurden Weisheit und Rat der Älteren geschätzt. Sie wurden als Person geachtet und geehrt und hatten einen entsprechenden Platz in der Gesellschaft.

Heute leben wir in einer Gesellschaft, in der das Alter zumeist gering geachtet wird. Kompetente Mitarbeiter müssen wegen ihres Alters vorzeitig aus den Betrieben ausscheiden. Auch in den christlichen Gemeinden wird den Älteren meist nur noch eine passive Rolle zugebilligt. Wenn aber ältere Christen in den Gemeinden keine Aufgaben mehr finden und nicht mehr dafür angeleitet werden, fehlen wesentliche Gaben und Dienste, die Gott für sein Volk vorgesehen hat.

Der am Anfang dieses Buches zitierte Bibelvers aus 2. Petrus 1,10 zeigt aber auch, dass wir *um unserer selbst willen* in der Berufung leben sollen. Das motiviert und schenkt erfülltes Leben. Dann geraten wir nicht auf Abwege und kommen nicht zu Fall. Das ist uns von Gott verheißen.

Dass wir altern, ist keine Folge des Sündenfalls! Jeder Lebensabschnitt hat seine Bedeutung. Gott gibt uns viele Lebensjahre, damit wir durch vielfältige Erfahrungen wachsen können und Weisheit erlangen. Das Alter ist die Erntezeit. Jetzt soll reifen und zur Entfaltung kommen, was in unser Leben hineingesät wurde. Dabei ernten wir aber auch, was wir selber gesät haben – Gutes oder Schlechtes.

Im dritten Lebensabschnitt haben wir zumeist die Möglichkeit, unsere Zeit freier einzuteilen als während der Ausbildung oder in den Phasen, wo wir stärker in Familie und Beruf gefordert sind. Die verbleibenden Jahre sind kostbar. Es liegt in unserer Verantwortung, wie wir sie gestalten. Wir entscheiden, ob wir sie mit Nichtigkeiten vergeuden oder mit Aufgaben, die Gott uns zeigt. Das jedoch erfordert Initiative, Entschlossenheit und Selbstdisziplin.

Alfons Auer schreibt dazu:

> *»Wenn heute nach der durchschnittlichen Lebensarbeitszeit noch zwei oder drei Jahrzehnte hinzu gegeben sind, in denen nur noch geschieht, was aus eigener Spontaneität hervorgeht, dann entscheidet sich noch einmal, wie es um die Freiheit des Menschen bestellt ist. Darum wird die Fähigkeit zur Selbstbestimmung, zur Findung der eigenen Spontaneität, beim alternden Menschen noch einmal unerbittlich auf die Probe gestellt.«*[2]

Wenn wir unsere Berufung leben und im dritten Lebensabschnitt Erfüllung gefunden haben, kann es uns nicht gleichgültig sein, wie es den älteren Menschen um uns her geht. Dann möchten wir auch in unseren Gemeinden erleben und daran mitarbeiten, dass ältere Menschen geistlich wachsen und ihre Bestimmung finden. Deshalb erhoffe ich, dass dieses Buch mit drei Fragen gelesen wird:

?

1. Wie will *ich persönlich* die kommenden Jahre gestalten?

2. Wie kann ich *anderen* helfen, im Alter erfülltes Leben zu finden?

3. Wie kann *in unseren Gemeinden* eine geistlich herausfordernde Arbeit mit älteren Menschen beginnen?

KAPITEL 1

Das Altersbild der Gesellschaft und das der Bibel

Der Lebensbogen

Das Denken der Gesellschaft wird noch immer von Vorstellungen über ältere Menschen geprägt, die schon lange nicht mehr mit der Wirklichkeit übereinstimmen. Es sind Vorstellungen aus der Lebenswelt früherer Generationen. Zur Zeit unserer Großeltern gab es oft Bilder, die den Lauf des menschlichen Lebens als Bogen darstellten (s. Abbildung auf Seite 15). Vom Säuglingsalter an geht es aufwärts, im frühen Erwachsenenalter ist der Höhepunkt erreicht. Danach geht es abwärts mit Verwitwung, Schwäche und schließlich dem Tod.

Damals lag die durchschnittliche Lebenserwartung bei etwa 35 Jahren, vor allem bedingt durch die hohe Säuglingssterblichkeit. Die Mehrzahl der Menschen kam nicht über die Mitte des Lebensbogens hinaus. Es gab ältere Menschen, aber sie waren selten, etwas Besonderes.

Durch Bismarck wurde die *Pensionierungsgrenze* eingeführt. Sie lag zunächst bei 70 Jahren, später dann bei 65 Jahren. Viele erreichten damals diese Grenze gar nicht. Sie starben vorher oder schieden wegen Invalidität aus dem Arbeitsprozess aus. Heute liegt die Lebenserwartung mit etwa 80 Jahren weit oberhalb der Pensionierungsgrenze.

Der Lebenslauf in der Sicht unserer Großeltern
(Bild: Stiftung Preußischer Kulturbesitz)

Die Mehrzahl der Arbeitenden geht aber auf eigenen Wunsch oder betriebsbedingt schon durchschnittlich mit etwa 60 Jahren in den Ruhestand. Viele, die gern arbeiten würden, finden schon mit 50 keine Stelle mehr.

In den letzten Jahrzehnten hat ein gewaltiger Umbruch im Denken und in den Einstellungen der Menschen stattgefunden: Der Wandel von der Moderne zur Postmoderne. Daher lebt unsere Generation in einem völlig anderen Umfeld als unsere Eltern und Großeltern. Die Altersbilder unserer Kindheit stimmen nicht mehr mit der heutigen Wirklichkeit überein. Der Gedanke vom Lebensbogen ist aber weiterhin in den Köpfen der Menschen: Von der Lebensmitte an geht es abwärts. Der Ruhestand ist in diesem Bild eine Restzeit, die irgendwie bewältigt werden muss.

Das christliche Weltbild spielt heute bei den meisten Menschen keine Rolle mehr. Wer nicht an Gott und an ein ewiges Leben glaubt, für den gibt es nur das Leben auf dieser Welt. Wenn er stirbt, ist alles zu Ende. Von der Lebensmitte an kann es nur noch abwärts gehen. Folglich muss noch so viel wie möglich in das verbleibende Leben hineingepresst werden. Deshalb kommen auch so viele in die *Midlife-Crisis* und stellen sich die Frage: War das alles? Habe ich wirklich gelebt? Manche brechen dann aus und machen auf einmal etwas ganz anderes. Die Sinnfrage wird aber dadurch meist nicht gelöst.

Die rein weltliche Sicht des Lebensbogens führt also zu einer negativen Sicht des Alters. Und wir Christen sind in Gefahr, von diesem Denken angesteckt zu werden. Für uns ist die biblische Sicht maßgebend. Damit ist es unsere Aufgabe, auch anderen diese positive Sicht des Alters zu vermitteln. Wir können sie ermutigen und herausfordern.

Ageismus in der Gesellschaft

Weil in der Gesellschaft noch immer ein Altersbild herrscht, das längst nicht mehr zutreffend ist, werden Ältere gering geachtet, ausgegrenzt, diskriminiert. Es gibt dafür einen neuen Ausdruck: *Ageismus* (sprich ädjismus), Altersdiskriminierung.[3] Gemeint sind damit tief greifende Vorurteile gegen das Alter, die zu einer Ausgrenzung älterer Menschen führen.

Solche Vorurteile bestimmen,

- ob wir beim Alter vor allem den Verfallsprozess oder den Kompetenzzuwachs sehen,
- wie wir unseren eigenen Alterungsprozess sehen und gestalten,

- wie wir uns gegenüber älteren Menschen verhalten,
- welche Rollen wir älteren Menschen zuweisen bzw. zugestehen.

Sehr verbreitet ist *passiver Ageismus:* Ältere werden einfach nicht wahrgenommen, ihnen werden keine Aufgaben zugestanden, sie werden nicht wertgeschätzt, ihnen wird keine Liebe und kein Respekt entgegengebracht. Besonders schlimm ist *aktiver Ageismus:* Ältere werden ausgegrenzt, abgelehnt, sie erleiden Gehässigkeiten, Misshandlung, Abschiebung und Isolierung. Solche Erfahrungen in Familien und in Altenheimen sind dokumentiert. Meist haben sie ihre Wurzel in einer Überforderung, etwa durch die Pflegesituation. Häufig ist der Grund für dieses Verhalten aber auch ein fehlendes Verständnis der menschlichen Würde.

Eine Befragung junger und älterer Personen ergab: Ältere sind ...

> *... sehr alte Menschen, vorwiegend Frauen, allein lebend, sozial isoliert, mit unzureichendem Einkommen, schlechten Wohnungen, schlechter Gesundheit, abhängig von Pflegekräften, isoliert von ihren Familien. Unzufrieden, zurückgezogen, aber zugleich unwillig, neue Kontakte zu knüpfen, ohne Energie, Begeisterungsfähigkeit oder Antrieb. Sie sind nicht mehr bereit, sich fortzubilden oder persönlich weiterzuentwickeln. Durch ihren gesundheitlichen und psychischen Abbau sind weiterer Niedergang und schließlich der Tod abzusehen.*[4]

Das hört sich an, als wäre das Alter ein schlimmer Zustand, den man am besten möglichst vermeiden sollte. Wenn ältere Menschen so gesehen werden, tut man ihnen

Unrecht. Dann grenzt man sie aus und erwartet nichts mehr von ihnen. *Folglich sieht man aber auch sein eigenes Alter so.* Wer so denkt, wird sich auch nicht auf sein Alter freuen! All das führt zu einem Jugendkult, zum Versuch, auch im Alter möglichst jugendlich zu wirken. Das wirkt allerdings eher peinlich und ist ein Zeichen mangelnder altersgemäßer Reife.

In unserer Leistungsgesellschaft ist also eine negative Sicht des Alters verbreitet. Sie hält viele Menschen davon ab, sich selbst und anderen Älteren noch etwas zuzutrauen.

Ageismus auch in den christlichen Gemeinden

Nun sollte man annehmen, dass es Ageismus, in passiver oder gar in aktiver Form, in christlichen Gemeinden und Kirchen nicht gibt. Im Gegenteil, man würde eher erwarten, dass gerade hier alle Menschen geachtet und geehrt werden, unabhängig von ihrem Alter. Das ist aber nicht immer der Fall. In vielen Gemeinden wird den Älteren in Wirklichkeit leider keine sonderliche Wertschätzung und Zuwendung entgegengebracht. Sie sind ja da, und das scheint zu genügen. Manchmal hört man das gedankenlos gesprochene Gebet: *Herr segne die Alten und die Kranken.* Als ob alle Älteren schwach und hilfsbedürftig wären! Unser Gebet sollte lauten: *Herr, lass die Älteren ihre Berufung finden und erfülltes Leben haben!*

Die Bedürfnisse der älteren Gemeindeglieder werden bei weitem nicht ausreichend wahrgenommen. Die Aufmerksamkeit richtet sich eher auf Kinder und Jugendliche als auf die ältere Generation. Es gibt zum Beispiel in vielen

Kirchen und Gemeinden Jugendreferenten, aber kaum Altenreferenten.

Die falsche Einstellung überwinden

Wir müssen dem Ageismus also entgegentreten. Es ist unser Auftrag, die Menschen zu ermutigen und herauszufordern, erwartungsvoll in den nächsten Lebensabschnitt zu gehen. Der dritte Lebensabschnitt ist *die Krönung des Lebens:* eine Segenszeit, eine Erntezeit. Es ist entscheidend, wie ältere Menschen leben, welches Lebensgefühl sie kennzeichnet.

> **!** Wer nur die Verluste sieht, kann die positiven Seiten des Älterwerdens nicht wahrnehmen. Um für sich selbst ein realistisches Altersbild zu erhalten, hilft es schon, einmal in zwei Spalten aufzulisten, was wir als *Verlust* und was als *Gewinn* des neuen Lebensabschnitts ansehen. Ich bin sicher: Der Gewinn überwiegt bei weitem!

Als Verlust mögen wir vielleicht ansehen:

- das Schwinden der körperlichen Kräfte,
- die Abnahme des Hör- und Sehvermögens,
- gesundheitliche Beeinträchtigungen,
- Verantwortung für die Pflege naher Angehöriger,
- das zunehmende Angewiesensein auf Hilfe und ähnliches.

Aber auf der Gewinnseite können wir verbuchen:

- frei verfügbare Zeit,

- sicheres Einkommen, ohne dafür etwas tun zu müssen,
- keine Verpflichtungen in der Kindererziehung,
- zunehmende Reife, Weisheit und Erfahrung,
- intensivere Wahrnehmung der Schönheiten unserer Welt,
- ein Glaube, der durch viele Erlebnisse, von Gott getragen und gehalten zu sein, gefestigt wurde.

Die Wirklichkeit der Älteren ist ganz anders![5]

1. *Die Menschen werden wesentlich älter* als früher. Die durchschnittliche Lebenserwartung nimmt in Deutschland mit jedem Jahr um drei Monate; mit jeder Generation um etwa vier Jahre zu. Noch zu Beginn des 20. Jahrhunderts betrug sie bei Männern 31, bei Frauen 33 Jahre. Heute können Männer im Durchschnitt mit 76, Frauen mit 81 Jahren rechnen. Das ist in nur hundert Jahren mehr als eine Verdoppelung!
2. *Die Gesundheit der Älteren ist wesentlich besser.* Heute sind 70-Jährige biologisch so gesund und aktiv wie 50-Jährige vor 35 Jahren. Wenige sind pflegebedürftig. Nur vier Prozent der über 65-Jährigen leben in Alten- oder Pflegeheimen.
3. *Die meisten Älteren sind finanziell gut versorgt.* Altersarmut ist (noch) die Ausnahme. Nur 1,8 Prozent der Bürger über 65 Jahre sind auf Sozialhilfe angewiesen.
4. *Die Alten sind besser ausgebildet.* Sie haben Interessen, sie stellen Ansprüche, wollen gehört werden. Bald stellt die Gruppe der über 50-Jährigen die Hälfte aller Wähler. Der Altersforscher Prof. Andreas Kruse sagt: Der Anteil jener Alten mit höherer Schulbildung und mehr beruflicher Fortbildung wird weiter zunehmen.

Das schafft einen erheblichen Kompetenzzuwachs, der der Gesellschaft zugute kommen wird.[6]

Wer heute in den Ruhestand geht, hat durchschnittlich noch mehr als 20 Lebensjahre vor sich,
- in guter körperlicher und geistiger Gesundheit und
- mit ausreichender Versorgung.

Der Ruhestand ist somit keine Restzeit, sondern eine eigenständige, längere Lebensphase. Es ist ein Lebensabschnitt, der zum Teil mehr Freiheit und Möglichkeiten bietet als die Berufs- und Familienphase.

! *Ältere Menschen sind kein Problem, sondern ein unerschöpfliches Potenzial. Sie haben Gaben und sie sind Gaben.*

Das biblische Altersbild

Gottes Wort hilft uns, das Alter realistisch zu sehen und den Wert und die Würde des Alters zu erkennen. Für Gott sind alte und junge Menschen gleichermaßen wertvoll. Auch alte und schwache Menschen werden von Gott geliebt.

In der Bibel erfährt das Alter eine große Wertschätzung.

> *Die gepflanzt sind im Hause des HERRN, werden in den Vorhöfen unsres Gottes grünen. Und wenn sie auch alt werden, werden sie dennoch blühen, fruchtbar und frisch sein, dass sie verkündigen, wie der HERR es recht macht.* (Psalm 92,14–16a)

Gott hat eine intensive Beziehung zu Älteren. Sie sind ihm sehr wichtig. Gott verheißt uns dafür:

> *Auch bis in euer Alter bin ich derselbe, und ich will euch tragen, bis ihr grau werdet. Ich habe es getan; ich will heben und tragen und erretten.* (Jesaja 46,4)

Auch in biblischen Zeiten starben die meisten Menschen in jungen Jahren. Alt zu werden war eine besondere Gnade. Alte Menschen wurden geschätzt und geehrt wegen ihrer Weisheit und Erfahrung – sofern sie einen gottesfürchtigen Lebenswandel zeigten.

> *Graue Haare sind eine Krone der Ehre; auf dem Weg der Gerechtigkeit wird sie gefunden.* (Sprüche 16,31)

Der Auftrag der Älteren war und ist es, die lebenswichtigen Traditionen zu bewahren und den lebendigen Gottesglauben an die nächste Generation weiterzugeben.

Besonders wichtig erscheint mir aber, dass die Bibel uns zeigt, dass Gott viele Menschen im Alter beruft und ihnen einen *neuen Auftrag* gibt. Abraham zog im hohen Alter in die Fremde. Mose lebte 40 Jahre in ägyptischem Wohlstand, hütete dann 40 Jahre die Schafe seines Schwiegervaters. Dann aber berief ihn Gott, ein ganzes Volk aus der Knechtschaft zu befreien und durch die Wüste zu führen. Das setzte die Erfahrung von 80 Lebensjahren voraus!

Oft verleiht Gott mit der Berufung auch einen neuen Namen. Abram nennt er Abraham. Sarai wird Sara. Das gibt eine neue Identität. Der neue Name ist bedeutungsvoll und drückt etwas von dem Auftrag dieser Männer und Frauen aus.

Im Alter kommt es bei einigen dieser Menschen zu einer tiefgreifenden Wandlung und Nachreifung. Aus dem Schlitzohr Jakob wird der weise Patriarch Israel, der mit großer Autorität vor dem mächtigen Pharao stehen und ihn segnen kann.

Von vielen dieser Patriarchen lesen wir: »und er starb alt und lebenssatt«. Diese Menschen durchlebten schwere Zeiten. Aber sie hatten erfülltes Leben!

Gottes Sicht ist also: *Das Alter ist die Krönung des Lebens.* Das Alter ist die Zeit des Reifens und der Ernte. Wir erhalten dabei auch die Chance, manches, was in unserem Leben falsch gelaufen ist, in Ordnung zu bringen. Ist das nicht eine großartige Ermutigung, viel von unserem Alter zu erwarten?!

Wenn wir jetzt dieses biblische Bild dem Bild vom Lebensbogen gegenüberstellen, wird der Kontrast deutlich (s. Abbildung auf S. 24). Der Lebensbogen stellt die körperliche Kraft dar, die einen Höhepunkt hat und dann abnimmt. Gott dagegen erwartet und ermöglicht uns, unser ganzes Leben lang geistlich zu wachsen. Wir sollen zunehmen an Reife und Weisheit. Dadurch können wir in einigen Bereichen mit zunehmendem Alter sogar brauchbarer werden für Gottes Aufgaben. Schließlich sollen wir als Vollendete heimgeholt werden in Gottes ewige Herrlichkeit. Das gibt unserem Alter Bedeutung und lässt uns erwartungsvoll in diesen Lebensabschnitt treten.

Wir können abschließend feststellen: In unserer *Gesellschaft* herrscht überwiegend eine negative Sicht des Alters vor, die nicht mit der Wirklichkeit übereinstimmt. Die *Bibel* hat eine positive, realistische Sicht des Alters:

- Gott gibt erfülltes Leben,

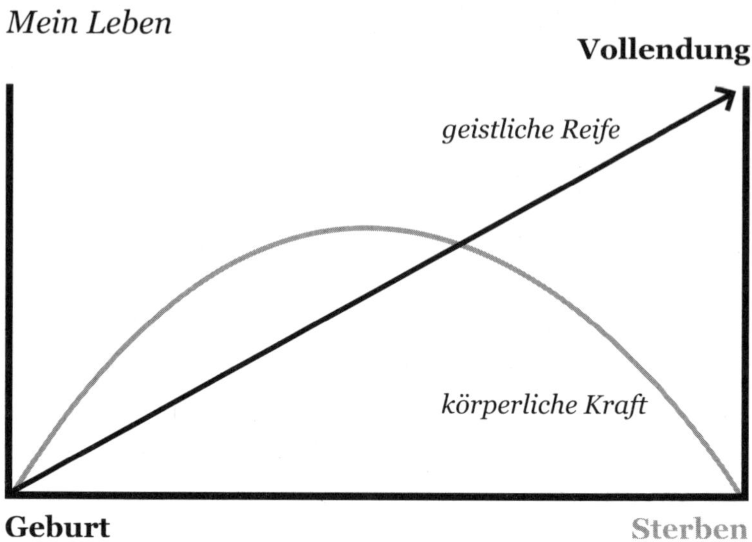

Die weltliche und die biblische Sicht unseres Lebenslaufes

- viele Menschen erhalten im Alter neue Aufträge,
- in der zweiten Lebenshälfte sollen wir nicht abbauen, sondern zunehmen an Reife und Weisheit.

Drei wichtige Aufgaben stehen damit vor uns:

1. Diese positive Sicht des Alters *selbst* zu verinnerlichen. Wie will ich persönlich die nächsten Jahre gestalten?
2. Diese Sicht *anderen Menschen* vermitteln. Das bedeutet, ältere Christen in die Fülle des Lebens hineinzuführen. Und es heißt, ältere Nichtchristen zum Glauben führen.
3. *Gemeinden* zum Umdenken bringen, sie zu ermutigen und zu unterweisen, geistliche Seniorenprogramme zu beginnen.

Zum Nachdenken

Freue ich mich auf mein Alter? Welche Befürchtungen und welche freudigen Erwartungen habe ich? Wie sieht bei mir die Gegenüberstellung von Verlust und Gewinn aus?

Wie denke ich über ältere Menschen? Wie rede ich mit ihnen? Kenne ich ihre Bedürfnisse?

Welchen Platz und welche Aufgaben haben Ältere in meiner Gemeinde? Werden sie geachtet und geehrt?

Zum Weiterlesen

Romano Guardini, *Die Lebensalter. Ihre ethische und pädagogische Bedeutung,* Mainz 2001. Ein Klassiker! Guardini arbeitet hier die Bedeutung der einzelnen Lebensphasen heraus.

J. Oswald Sanders, *Das Alter, die besonderen Jahre. Den dritten Lebensabschnitt gut vorbereiten und optimal gestalten,* Lahr 1999. Der bekannte Bibellehrer erreichte selbst ein hohes Alter. In diesem Buch stellte er viele seiner geistlichen Erfahrungen zusammen. Es enthält außerdem viele Zitate über das Alter.

Tim Stafford, *Zuversichtlich älter werden. Die sieben Lebensabschnitte im Alter,* Asslar 1993. Ein ermutigendes Buch mit vielen praktischen Anregungen.

(Möglicherweise sind Bücher, die in diesem Buch erwähnt werden, zur Zeit vergriffen. Unter Umständen sind sie aber antiquarisch erhältlich, zum Beispiel im Internet unter www.zvab.com oder www.abebooks.de.)

KAPITEL 2

Gott beruft und befähigt – auch im Alter

Was ist Berufung? Wie beruft Gott? Gott schafft nur Originale. Jeder Mensch ist einzigartig und unverwechselbar. Er besitzt Eigenschaften und Gaben, wie sie in dieser Kombination kein anderer hat. Und Gott hat für jeden Menschen einen Plan. Dafür werden wir ein Leben lang vorbereitet. Wenn wir im Geringen treu waren, kann Gott uns über Größeres setzen.

Manche Menschen haben eine tiefe innere Gewissheit, was ihr eigentlicher Auftrag ist. Eines Tages ergibt sich die Möglichkeit, damit zu beginnen. Viele andere aber haben Gott nie nach ihrer Berufung gefragt. So liegen ihre Gaben brach oder werden nicht in Gottes Reich eingebracht. Dann haben sie – um im biblischen Bild zu bleiben – ihre Pfunde vergraben.

Ich fand xin xindrucksvollxs Bxispixl, was gxschixht, wxnn Mxnschxn ihrx Gabxn nicht in Gottxs Plan xinbringxn. xs ist wix xin Txxt, dxr gxschrixbxn wird, bxi dxm abxr xin Buchstabx ausfällt odxr durch xtwas Sinnlosxs xrsxtzt wird. Dann ist dxr Sinn nur noch schwxr zu xrkxnnxn. Wx" mxhrxrx Buchstabx' ausfallx', wird xs vollx'ds u'vxrstä'dlich: Da" ist dxr Si" 'ur 'och schwxr zu xrkx"x'. So ist xs abxr mit vixlx' Gxmxi'dx'. Wx" dix Mx'schx' ihrx Gabx' 'icht xi'bri'gx', wird das christlichx Zxug'is für dix Wxlt u'vxrstä'dlich.

Können Sie das noch lesen? So geht es manchen Menschen, die in unsere Gemeinden kommen! So ging es mir, als ich – heidnisch aufgewachsen – mit etwa 30 Jahren zum ersten Mal einen christlichen Gottesdienst besuchte. Was ich dort erlebte, war mir völlig unverständlich. Ich kam mir als Außenseiter vor.

Eine neue Berufung

Alle Mitarbeiter des Herrn sind berufen, bis zur Wiederkunft ihres Herrn für ihn zu arbeiten, mit dem, was ihnen anvertraut ist (Matthäus 25,14ff). Viele erhalten im Alter eine neue oder eine erweiterte Berufung. Manchmal ist es eine ganz neue Aufgabe. Um dies jeweils zu erkennen, brauchen wir die Begleitung und Ermutigung durch Freunde, die in der gleichen Verpflichtung stehen.

Können wir uns vorstellen, dass die eigentlichen Aufgaben noch vor uns liegen? Dass das Kommende bedeutungsvoller sein kann als das Bisherige? Der Philologe Hermann Menge (1841–1939) begann seine bekannte Übersetzung des Alten und Neuen Testaments mit 60 Jahren. Konrad Adenauer wurde mit 73 Bundeskanzler und übte dieses schwere Amt bis zu seinem 87. Lebensjahr aus. (Den Vorsitz der CDU gab er sogar erst mit 90 Jahren ab: Solches Festhalten an einem Amt ist natürlich nicht nachahmenswert!)

Gott beruft auch im Alter. Er hat seine Pläne. Und er kommt damit zum Ziel, auch mit schwachen, fehlerhaften Menschen. Er hat es so geordnet, dass wir alles, was wir für unser Leben und unseren Dienst brauchen, von ihm empfangen. Das begrenzt uns nicht auf unsere menschlichen Möglichkeiten. Für alles, was geschieht, erhält dann

Gott die Ehre. Solange wir versuchen, aus eigener Kraft für Gott zu wirken, bleiben wir letztlich im Bereich der Selbstverwirklichung: *Wir* wollen und können etwas leisten. Erst wenn wir allen Stolz und alle Fähigkeiten an Gott ausliefern, werden wir brauchbare Mitarbeiter. Deshalb ist das Tor zur Berufung das Kreuz Jesu Christi. Oft sehen wir uns von einer Berufung überfordert. Aber: »Der Herr verlangt nie eine Arbeit von uns, die wir aus eigener Kraft tun können.«[7] Gott erwartet unseren Gehorsam.

Um prüfen zu können, was menschlich ist und was von Gott kommt, helfen drei Fragen:

1. Was wollen die anderen? (Erwartungen, Traditionen, Trends)
2. Was will ich? (Wünsche, Träume, Sehnsüchte, Helfer-Syndrom?)
3. Was will Gott? (Gott redet durch sein Wort, durch Eindrücke, durch Korrektur, Bestätigung und Ermutigung unserer Glaubensgeschwister)

Wo Gott beruft, gibt er die erforderlichen Gaben. Wir *haben* Gaben und wir *sind* Gaben. Menschen, die im Bereich ihrer Gaben dienen können, haben eine große innere Freude. Ihr Dienst fällt ihnen leicht. Wer aber seine Gaben nicht gebrauchen kann oder darf, wird unzufrieden, neurotisch und krank.

Begabungen und Gaben des Geistes

Die Geistesgaben sind uns zum Bau der Gemeinde gegeben. In vielen traditionellen Gemeinden wird aber nicht *gabenorientiert* gearbeitet. Viele Gemeindeglieder kennen ihre Gaben überhaupt nicht. Und von den älteren Gemeindegliedern erwartet man überhaupt keine Mitarbeit mehr. Gerade das sieht die Bibel anders. Vor allem in den frühchristlichen Gemeinden wurden die Älteren geschätzt und möglichst lange in der Verantwortung gehalten.

Auch wenn die Gaben bekannt sind, finden die Begabten oft keine ihren Gaben entsprechenden Aufgaben. Dafür braucht es *Gabenberater,* die dafür sorgen, dass jeder seinen Platz findet. Das wäre ein wichtiger Dienst und eine hervorragende Aufgabe für Ältere!

Die Weichen rechtzeitig stellen

Bei vielen Gelegenheiten wird deutlich, dass die Grundlagen dafür, wie wir unseren Ruhestand gestalten, schon früh im Leben gelegt werden. Wesentliche Weichenstellungen müssen schon lange vor der Pensionierung erfolgen. Was nicht früh eingeübt ist, kann später nur schwer verändert werden! Der Beruf darf nicht unser einziger Interessenbereich sein. Wir müssen sinnvolle Aufgaben und Interessen auch in anderen Bereichen haben. Es darf auch nicht der Beruf allein sein, der unserem Leben Struktur gibt. Wenn das so ist, fällt es manchen Menschen schwer, ihren Tagesablauf zu ordnen, wenn die beruflichen Vorgaben fortfallen. Wir müssen unseren eigenen Rhythmus finden.

Rückblick auf den Beruf – Ausblick auf die kommenden Jahre

Die christlichen Kirchen begehen die Höhepunkte und Wendepunkte im Leben des Menschen mit besonderen Feiern und Ritualen. Das ist so bei Geburt, Taufe, Konfirmation/Firmung, Hochzeit und schließlich beim Begräbnis. Es ist seltsam, dass es für den tiefen Einschnitt und Wendepunkt, den der Übergang von der Berufstätigkeit in den Ruhestand darstellt, keine solche christliche Feier gibt.

Eine lutherische Gemeinde in Kanada hat einen Kurs entwickelt, der für diese Situation hilfreich ist:[8] An fünf Abenden wird ein Rückblick auf das Berufsleben gehalten und gemeinsam auf den bevorstehenden Lebensabschnitt geschaut. Die einzelnen Schritte des beruflichen Weges werden unter der Fragestellung betrachtet, inwieweit darin Gottes Führung und Berufung erkennbar war. Das ist für viele der Teilnehmer ein neuer Gedanke. Daraus entwickelt sich die Erwartung, nun eine neue Berufung zu empfangen. Zum Abschluss wird ein Dank- und Sendungsgottesdienst gefeiert. Dabei wird gegenüber Gott der Dank für die Berufszeit ausgedrückt. Aber auch die Gemeinde dankt den Berufstätigen für ihre bisherigen Leistungen. Dann erfolgen Segnung und Sendung für den neuen Lebensabschnitt. Ein spannender Nebeneffekt dieses bewussten Umgangs mit dem Ende der Berufsphase: auch Jüngere erhalten dadurch neue Perspektiven für Beruf und Alter.

Mit Widerständen rechnen

Wenn wir uns Gott zur Verfügung stellen, eine Berufung empfangen und darin dienen wollen, erleben wir oft unerwartete Schwierigkeiten. Es ist verständlich, dass der Widersacher alles daran setzt, uns davon abzuhalten, Gottes Pläne zu verwirklichen. So bietet er uns Aufgaben an, die scheinbar auch gut sind. In Wirklichkeit sind es aber Ablenkungen durch die verführerischen Angebote dieser Welt.

Wichtig ist es zu erkennen, dass Widerstände manchmal nicht in der Sache liegen, sondern geistlicher Natur sind. Wenn sie geprüft und bestätigt ist, müssen wir an unserer Berufung festhalten. Gott steht zu ihr: *Denn Gottes Gaben und Berufung können ihn nicht gereuen* (Römer 11,29).

?

Einige Fragen zum Finden meiner Berufung

Wie ist mein bisheriges Leben verlaufen?
Durch welche Ereignisse wurde ich geprägt?
Welche Erfahrungen habe ich bisher mit Gott gemacht?
Was habe ich schon immer gern getan (Lebensthema)?
Was würde ich gern tun, wenn ich die Möglichkeit dazu hätte?
Welche Gaben habe ich? Kenne ich meine Geistesgaben?
Wie schätzen mich andere ein?
Für welche Aufgaben engagiere ich mich gern?

Zum Nachdenken

Kenne ich Gottes Plan für mein Leben? Lebe ich in meiner Berufung?

Habe ich mich Gott für die kommenden Lebensjahre zur Verfügung gestellt?

Zum Weiterlesen

Ursula und Arnd Kischkel, *Ich habe dich berufen! Wie wir mit Gott unsere Gaben entfalten können,* Lüdenscheid 2004. Ein ermutigendes Buch, aus dem Hören auf Gott geschrieben.

Floyd McClung, *Entdecke deine Berufung. Wie erkenne ich den Willen Gottes für mein Leben?* Frankfurt am Main 1990. Floyd Mc Clung beschreibt hier verständlich und mit wenigen Worten die Grundlagen konsequenter Nachfolge als Christ und wie wir Gottes Willen erkennen können.

Uwe Schäfer, *Lebe deine Berufung ... mit Frucht und Leidenschaft,* Erzhausen 2004. Kurz und prägnant spricht Uwe Schäfer die Voraussetzungen an und zeigt Hindernisse auf, die uns davon abhalten, mit unseren Gaben zu dienen.

Christian A. Schwarz, *Die 3 Farben deiner Gaben,* Glashütten 2001. Ein Klassiker zum Thema, der schon viele Menschen ermutigt hat, ihre geistlichen Gaben zu entdecken und zu gebrauchen – in überarbeiteter Form.

Karsten Wagner, *Berufung – zurück zur Herrlichkeit Gottes,* Kitzingen 2005. Karsten Wagner leitet die Berufungsschule der IGNIS-Akademie in Kitzingen und vermittelt hier ausführliche und praktische Informationen zum Thema.

KAPITEL 3

Berufen, Kind des himmlischen Vaters zu sein

HERR, deine Güte reicht, so weit der Himmel ist, und deine Wahrheit, so weit die Wolken gehen. Wie köstlich ist deine Güte, Gott, dass Menschenkinder unter dem Schatten deiner Flügel Zuflucht haben! Sie werden satt von den reichen Gütern deines Hauses, und du tränkst sie mit Wonne wie mit einem Strom. Denn bei dir ist die Quelle des Lebens, und in deinem Lichte sehen wir das Licht. (Psalm 36,6.8–10)

Alles Folgende geht davon aus, dass wir eine Grundgeborgenheit in Gott haben. Dann wissen wir uns bei unserem himmlischen Vater vollständig geliebt und angenommen. Diese Liebe können wir durch nichts erwerben. Sie war schon immer da und wird immer bleiben. Gott ruft uns aber auch in seine Gemeinschaft, in eine Liebesbeziehung mit dem Vater und dem Sohn. Erst dadurch werden wir selbst liebes- und beziehungsfähig.

Schon im Mutterleib hat Gott uns geformt. Jeder Mensch ist ein Original Gottes, unverwechselbar. Mit jedem Menschen hat Gott seinen speziellen Plan. Von Jugend an wirbt Gott um uns. Wir sollen hineinkommen in die Fülle des Lebens, die er für uns bereithält.

Leider gehen die meisten Menschen nicht auf Gottes Werben ein. Sie nehmen ihr Leben selbst in die Hand. Sie fragen nicht nach Gottes Plänen. So geschieht manches in ihrem Leben, was nicht Gottes Ordnungen entspricht. Damit entfernen sie sich weiter von Gott. Tief in ihnen bleibt das Bewusstsein, dass sie mit ihrem Leben nicht vor Gott bestehen können.

Gott aber hat die Sünde aller Menschen auf seinen Sohn Jesus Christus gelegt. Wer das im Glauben annimmt, ist rein gewaschen. Seine Sünde, seine Gottesferne gilt nicht mehr. Er ist gerecht gemacht. Er kann in Gottes Arme zurückkehren. Jesus selber hat dies in der Geschichte vom verlorenen Sohn (andere nennen sie die Geschichte vom barmherzigen Vater; Lukas 15) bewegend beschrieben.

Neue Identität

Durch Jesus ist damit der Weg zu unserem himmlischen Vater frei gemacht. Wir können jetzt ohne jede Furcht in Gottes Arme kommen. Wir sind bei Gott geliebt und angenommen. Vor allem finden wir unsere Anerkennung bei ihm. Es gibt viele Bibelstellen, die uns eine neue *Identität* zusprechen. Wir sind angenommen (Römer 15,7), Gottes Kinder (Johannes 1,12), Geliebte (Johannes 16,27), Kinder des Friedens (Lukas 10,6). Uns werden ein neuer Auftrag und die dafür notwendigen Fähigkeiten zugesprochen. Das überwindet Gefühle der Minderwertigkeit und Unzulänglichkeit.

Wir sind erwählt und gesetzt, Frucht zu bringen (Johannes 15,16), in Christus geschaffen zu guten Werken (Epheser 2,10), zu allem guten Werk geschickt (2. Timotheus 3,17). Wir vermögen alles durch den, der uns stark macht, Jesus Christus (Philipper 4,13). Es gibt viele solcher Zusagen. Sie sprechen die Wahrheit über uns aus.

Und sie gelten, selbst wenn wir anders über uns denken und fühlen.

Als Menschen, die Christus erlöst hat, sind wir die *königliche Priesterschaft, das Volk des Eigentums* (1. Petrus 2,9; Offenbarung 5,9–10). Das ist auch für ältere Menschen die Grundlage für *Vollmacht und priesterlichen Dienst.*

Viele Menschen leiden unter dem Gefühl, unzulänglich zu sein. Das kann sich im Alter noch verstärken. Sie sagen sich dann: »Ich bin zu nichts mehr nütze. Ich kann nichts mehr leisten. Ich bin nur noch eine Last für andere.« Doch das verleitet zu Passivität und zum Rückzug. Es kann sogar bis zum Todeswunsch führen. Wenn wir jedoch erkannt haben, welchen Wert wir in Gottes Augen haben, dann können wir uns von solchen falschen Haltungen und Vorstellungen lösen.

Wir können uns Gottes Liebe durch keine Leistung verdienen, sie aber auch durch keine Tat verlieren. »Es gibt nichts, was du tun könntest, damit Gott dich *mehr* liebt. Und es gibt nichts, was du tun kannst, dass Gott dich *weniger* liebt« (Rich Mullins, 1955–1997).

Der erste und wichtigste Schritt ist daher, zu erkennen und anzunehmen, dass Jesus Christus durch seinen Tod am Kreuz für uns den Weg zum Vater frei gemacht hat. Dass er alles auf sich genommen hat, was uns von Gott trennt. Es kostet uns unseren Stolz, zu sagen: »Ja, Jesus, vor Gott kann ich nicht bestehen. Meine Sünden trennen mich von ihm. Aber du hast alles Erforderliche für mich getan. Ich nehme das an. Ich gebe mein Leben in deine Hand. Führe du mich, gebrauche mich.«

Das ist ein Herrschaftswechsel. Bisher bestimmte mein Ich die Entscheidungen in meinem Leben. Jetzt baue nicht mehr ich an meinem Reich. Jetzt bestimmt Jesus meinen weiteren Weg. Er hat Gedanken des Heils und des Friedens für mich.

Vollständig angenommen

Am tiefsten aber wird das Bedürfnis nach Anerkennung durch den Glauben an Gott gestillt. Von ihm geliebt zu sein, befreit mehr und mehr davon, nach Anerkennung von Menschen süchtig zu sein. »Bei mir werdet ihr Ruhe finden für eure Seelen« gilt auch hier.

Wer dieses Bedürfnis nicht bei Gott stillt, wird seine Anerkennung bei Menschen suchen. Das führt zu geistlichen und moralischen Kompromissen, und es ist die Ursache von Menschenfurcht und Menschengefälligkeit. Deswegen tun die meisten Menschen nicht das, was sie für richtig halten, sondern das, was andere von ihnen erwarten. Sie fürchten, dass sie sonst deren Anerkennung verlieren.

Wer nicht tut, was er eigentlich tun sollte, und nicht sagt, was er wirklich denkt, ist nicht authentisch. Andere durchschauen das und empfinden es als Heuchelei. Wer dagegen seine Anerkennung bei Gott findet, wird frei von Menschenfurcht und Menschengefälligkeit. Aus der Geborgenheit bei Gott heraus können wir echt sein. Reife bedeutet, unabhängiger von den Erwartungen unserer Mitmenschen zu sein.

Wenn wir beginnen, das zu tun, was Gott sagt – unabhängig von dem, was die Menschen von uns denken –, dann können wir Frucht bringen. Dann tragen wir bei zum Bau des Reiches Gottes. Dazu sind wir berufen.

Geliebte Kinder

Als Gotteskinder sollen wir Liebe in die Welt hineintragen. Lieben kann aber nur der, der sich selbst geliebt weiß. Es ist Gottes Plan, uns mit seiner Liebe zu füllen. Jesus Christus begann seinen Dienst, als er den Zuspruch seines himmlischen Vaters erhielt:

> *Du bist mein lieber Sohn, an dir habe ich Wohlgefallen.* (Markus 1,11; Lukas 3,22)

Diesen Zuspruch brauchen wir auch. Wir müssen mit Gottes Liebe ausgefüllt, gesättigt werden. Dann geschieht es fast von selbst, dass die Liebe in uns überfließt zu anderen Menschen. Wir können es dann nicht lassen, anderen Anteil zu geben an dem Guten, das wir von Gott empfangen haben.

Damit wir die Vaterliebe Gottes erfahren können, ist es notwendig, dass wir die falschen Gottesbilder überwinden, die seit unserer Kindheit in vielen von uns stecken: der strafende Gott, der ferne Gott, der schwache Gott. Oft hängen sie mit Erfahrungen zusammen, die wir mit unserem eigenen Vater oder mit anderen Autoritätspersonen gemacht haben. Das Neue Testament beschreibt das richtige Gottesbild: Jesus kam, um uns die bedingungslose Liebe des himmlischen Vaters zu offenbaren.

Die Gotteskindschaft ist in besonderem Maße bedeutsam für unser Alter. Gott sagt bedingungslos Ja zu mir. Diese Gewissheit ist gerade dann wichtig, wenn unsere Kräfte abnehmen. Auch wenn wir nichts mehr für Gott tun können – für ihn bleiben wir wertvoll. Wer sich bei Gott geborgen weiß, vertraut ihm auch in schwierigen Gegebenheiten. Wir wissen nicht, was auf uns zukommt. Aber wir sind gewiss, dass Gott allezeit bei uns ist, dass er Gedanken des Heils und des Friedens hat. Auch in den schwierigsten Situationen hat Gott die Kontrolle. Es ist dann nicht mehr die Frage, *ob* Gott hilft, sondern nur noch, *wie* er hilft.

Alle Verheißungen der Bibel gelten unabhängig vom Alter. Sie haben keine Altersbegrenzung. Es gilt weiterhin, dass denen, die Gott lieben, alle Dinge zum Besten dienen. Weiterhin haben wir Anteil an der ganzen Fülle Christi. Auch bleiben wir weiterhin geschickt zu jedem guten Werk. Lediglich die Werke sind im Alter unter Umständen andere.

Wert und Würde – auch im Alter

Wert und Würde sind etwas, das sich niemand selbst zulegen kann. Sie müssen uns zugesprochen werden. Wert und Würde sind dem Menschen zugeeignete Geschenke Gottes. Grundlage ist die Tatsache, dass alle Menschen Geschöpfe Gottes sind, nach seinem Ebenbild geschaffen. Dabei ist jeder Mensch einmalig, mit Eigenschaften, die in dieser Kombination kein anderer Mensch besitzt. Diese Einzigartigkeit tritt jetzt verstärkt ins öffentliche Bewusstsein, seit Gentests erfolgreich zur eindeutigen Identifizierung von Personen eingesetzt werden.

Gott spricht jedem Menschen Wert und Würde zu. Diese Würde kann uns niemand rauben. Sie besteht unabhängig von körperlicher und geistiger Gesundheit. Auch alte, behinderte und bewusstlose Menschen haben und behalten die Würde der Gottesebenbildlichkeit. Es steht uns nicht zu, uns selber oder einem anderen Menschen Würde zu- oder abzusprechen. Sie wurde uns von außen gegeben. Der Limburger Bischof Franz Kamphaus hat das treffend formuliert: »Die Würde sprechen wir uns nicht zu, daher können wir sie einander auch nicht absprechen. Sie ist uns vorgegeben, sie darf nicht angetastet werden.«

Wir haben darüber hinaus unendlichen Wert und Würde, weil uns Gott *bedingungslos liebt.* Für diese Liebe setzte Gott alles ein. Es kostete ihn das Teuerste, das Leben seines einzigen Sohnes. Das Erlösungswerk Jesu Christi gilt für alle Menschen.

Die Menschenwürde ist zunehmend gefährdet

Es ist wichtig, das zu wissen und davon unser Verhalten anderen Menschen gegenüber bestimmen zu lassen. Ebenso wichtig ist es, dass wir es anderen Menschen gegenüber vertreten. Denn die Achtung der Menschenwürde ist zunehmend gefährdet.

Im »Dritten Reich« wurden Menschen in großem Umfang entwürdigt. Behinderte Menschen galten als »unwertes Leben« und wurden umgebracht. Daher haben die Verfasser unseres Grundgesetzes an die erste Stelle gesetzt: »Die Würde des Menschen ist unantastbar, sie zu achten und zu schützen ist Verpflichtung aller staatlichen Gewalt.« In anderen Ländern ist die Sicht von der Menschenwürde viel liberaler. Durch die europäischen Harmonisierungsbestrebungen wird ein starker Druck auf die Bundesrepublik Deutschland ausgeübt, unsere Gesetze zu liberalisieren.

Viele Wissenschaftler vertreten die Ansicht, dass der Mensch nur dann Person sei, wenn er ein Bewusstsein habe und sich selbst wahrnehmen könne. Somit habe er das Recht, über sich selbst zu bestimmen. Embryonen, aber auch demente und bewusstlose Menschen hätten kein Selbstbewusstsein, also könne über sie verfügt werden.

Es ist erschreckend und ein Zeichen von Unwissenheit, dass die Mehrheit unserer Bevölkerung den Wunsch hat, den Zeitpunkt ihres Todes selbst bestimmen zu können.

Deshalb ist es so wichtig, dass wir bei allen Gelegenheiten auf die Konsequenzen hinweisen, die eine Aufweichung unserer Achtung vor der Menschenwürde für jeden ganz persönlich haben würde. Die Vorstellungen von Wert und Würde des Menschen sind entscheidend für die Entwicklung der Gesellschaft, in der wir und unsere Nachkommen leben werden.

Zum Nachdenken

Weiß ich mich bei Gott geborgen und anerkannt?

Was steht noch zwischen mir und Gott?

Freue ich mich über Anerkennung, ohne danach süchtig zu sein?

Kann ich annehmen, dass mein Wert im Alter nicht geringer wird?

Zum Weiterlesen

Kenneth E. Bailey, *Der ganz andere Vater. Die biblische Geschichte vom verlorenen Sohn aus nahöstlicher Perspektive in Szene gesetzt,* Schwarzenfeld 2006. Als Kenner des Nahen Ostens verbindet der Autor hier wertvolle Informationen mit einem bewegenden Theaterstück.

Geri Keller, *Vater. Ein Blick in das Herz Gottes,* Winterthur 2003. Eine tiefgründige Entfaltung.

Henri J. M. Nouwen, *Nimm sein Bild in dein Herz. Geistliche Deutung eines Gemäldes von Rembrandt,* Freiburg 2005. Ausführliche Gedanken zu dem bekannten Bild »Die Heimkehr des verlorenen Sohnes«.

KAPITEL 4

Berufen, reif und mündig zu werden

Lasst uns aber wahrhaftig sein in der Liebe und wachsen in allen Stücken zu dem hin, der das Haupt ist, Christus. (Epheser 4,15)

Geistlich wachsen

Wenn Gott uns gefunden hat und wir Christen geworden sind, möchte er uns in die ganze Fülle hineinführen, die er für uns bereithält. Leider strecken sich die meisten Christen nicht nach diesem Wachstum aus: Ihnen fehlt dazu die nötige Anleitung. Daher wissen sie kaum etwas von Gottes Schätzen oder glauben nicht daran, dass diese auch ihnen zustehen. Zugleich können Wachstumsschritte auch schmerzhaft sein. Manche Menschen scheuen die damit verbundene und oftmals notwendige Veränderung.

Gottes Wort fordert uns jedoch vielfach auf, geistlich zu wachsen, reif zu werden und Frucht zu bringen.

Der Gerechte wird grünen wie ein Palmbaum, er wird wachsen wie eine Zeder auf dem Libanon (Psalm 92,13).

Diese Verheißung gilt für unser ganzes Leben. Die Voraussetzung ist aber, dass wir uns dafür zur Verfügung stellen. Der Heilige Geist ist sehr zartfühlend. Manchmal fragt er uns: »Darf ich dich in diesem Bereich verändern?« Wenn wir Ja sagen, führt er uns in Situationen, die uns herausfordern, neue Reifungsschritte zu tun.

Geistliches Wachstum hat immer zwei Seiten: Ablegen und Anziehen, Loslassen und Ergreifen. Es geht darum, herauszukommen aus dem Lebensstil des alten Menschen und hineinzuwachsen in die Wesensart des neuen Menschen, der Jesus Christus immer ähnlicher wird.

Dafür brauchen wir ein neues Verständnis des Evangeliums. Viele Menschen nehmen es gar nicht als Herausforderung zu einem veränderten Leben wahr. Es genügt ihnen, dass das Evangelium ihnen ewiges Leben verspricht. Sie führen ein »anständiges« Leben, lassen sich aber nicht zur hingegebenen Mitarbeit in Gottes Reich, in Gemeinde und Mission, bewegen. Jesus aber hat es anders gemeint! Mit ihm kam das Reich Gottes zu uns. Er lehrte uns, wie wir alle Bereiche unseres Lebens nach dem Willen Gottes gestalten sollen. Er kam, um uns schon auf dieser Welt und in diesem Leben Anteil an seiner Fülle zu geben.

Es ist gerade für ältere Menschen wichtig, diesen Unterschied zu verinnerlichen. In der erstgenannten Sicht erwartet man eigentlich nichts mehr von diesem Leben und hofft, dass der Herr einen bald heimholt. In der Sicht des Reiches Gottes aber möchte man möglichst lange leben, um immer mehr Anteil an diesem Reich zu haben und darin zu wirken. Der betagte Paulus nennt beide Möglichkeiten, entscheidet sich dann aber eindeutig dafür, weiter den Menschen zu dienen (Philipper 1,21–24).

Jünger sein und Jünger machen

Jesus ruft uns auf, selbst Jünger zu sein und andere zu Jüngern zu machen. Ein Jünger ist ein Nachfolger Jesu Christi. Er ist ein Lernender. Dieses Lernen erfolgt im Alltag. Jesus war mit den zwölf Jüngern drei Jahre lang Tag und Nacht zusammen. Er ließ sie Erfahrungen machen und redete dann mit ihnen darüber. Das befähigte sie, nach Pfingsten das Evangelium in die Welt hinein zu tragen.

Der Auftrag, Jünger zu sein und Jünger zu machen, gilt auch für unser Alter. Wir sollen weiter lernen und das Gelernte lebensnah an andere weitergeben. Daher brauchen auch wir persönlich eine Person, die uns geistlich begleitet, mit der wir ehrlich über unsere Situation, unsere Anfechtungen und Freuden reden können. Sie kann für uns beten, uns ermutigen, korrigieren und unterstützen. Und dann werden wir im Alter auch selbst andere Menschen auf ihrem geistlichen Weg begleiten.

Dafür brauchen wir Vorbilder, geistliche Persönlichkeiten der Bibel, aus der Kirchengeschichte und in unserem Umfeld. Biographien können oftmals zu geistlichem Wachstum motivieren.

Ein bekannter geistlicher Leiter hielt Ausschau nach alten Männern, die ihm durch ihre Reife im Alter ein Vorbild sein könnten. Doch er fand nur wenige. Sie zeichneten sich durch folgende Eigenschaften aus:

- Dankbarkeit,
- Interesse an der jungen Generation,
- geistliche Beweglichkeit,
- andauernde Aktivität,
- der Wunsch, anderen das Leben zu erleichtern,

- Empfindsamkeit und Mitgefühl,
- tiefe Liebe zu ihrer Ehefrau,
- Verzicht auf Einfluss,
- ein Rechnen mit der Kraft des Gebets und
- keine Angst vor dem Tod.

Jeder Mensch wird als Original geboren – die meisten sterben als Schablone. Sind wir Schablonen, geprägt vom Zeitgeist, oder Originale Gottes? Der Bremer Pastor Klaus-Günter Pache drückt es so aus: »Es tut mir im Herzen weh, wie viele Menschen in unseren Tagen so völlig unter Niveau leben und nicht begreifen, dass sie zu viel Höherem berufen sind.«[9]

Rechne ich damit, dass Gott in den kommenden Lebensjahren in dieser Weise meinen Charakter formen und meine Persönlichkeit weiter entwickeln wird? Strecke ich mich danach aus? Das geschieht nicht auf leichte Art. Es wird durch schmerzhafte Situationen und Erfahrungen hindurchführen. Bin ich bereit, den Preis dafür zu zahlen?

Paulus hat ständig darum gerungen, geistlich zu wachsen und für Gott brauchbarer zu werden:

> *Nicht, dass ich's schon ergriffen habe oder schon vollkommen sei; ich jage ihm aber nach, ob ich's wohl ergreifen könnte, weil ich von Christus Jesus ergriffen bin. Meine Brüder, ich schätze mich selbst noch nicht so ein, dass ich's ergriffen habe. Eins aber sage ich: Ich vergesse, was dahinten ist, und strecke mich aus nach dem, was da vorne ist, und jage nach dem vorgesteckten Ziel, dem Siegespreis der himmlischen Berufung Gottes in Christus Jesus.*
> (Philipper 3,12–14)

Diese Worte drücken etwas von der Dynamik seines Lebens aus, die er bis zuletzt behalten hat.

Einige Wachstumsbereiche

Wer nicht rechtzeitig christliche Tugenden (das Neue Testament nennt sie Früchte des Geistes) wie Demut, Bescheidenheit, Güte, Liebe, Geduld, Sanftmut, Freundlichkeit einübt, ist in Gefahr, in den letzten Lebensjahren ziemlich unausstehlich zu werden. Beim Obst bedeutet reifen, dass es genießbarer wird. Wer sich von Gott in die Schule nehmen lässt, kann vielen Menschen durch seine *Weisheit* und sein ausgewogenes Urteil Rat geben und durch sein Vorbild Hoffnung verbreiten. Solche Menschen sind ein Segen und ruhende Pole für ihre Umgebung und ihre Gemeinden.

Im Alter können wir zu mehr *Selbsterkenntnis* kommen: Dann erkennen wir unsere Schwächen und Begrenzungen. Und das macht uns barmherziger mit den Schwächen unserer Mitmenschen.

Situationen, die uns früher beunruhigt haben, können wir jetzt mit mehr *Gelassenheit* bestehen. Durch lange Erfahrung wissen wir besser damit umzugehen. Wir haben in unserem bisherigen Leben oft die Durchhilfe Gottes erlebt. Daher ist die biblische Weisung:

> *Lobe den HERRN, meine Seele, und vergiss nicht, was er dir Gutes getan hat* (Psalm 103,2)

eine wichtige Lebenshilfe. Sie ist ein positives Wort gegen alle negativen Gedanken und Erwartungen. Wir erkennen immer mehr Gottes fürsorgliches Wirken in unserem Leben.

Schwierige Aufgaben habe ich früher oft lange vor mir her geschoben. Jetzt stelle ich zu meiner Überraschung fest, dass ich sie manchmal ohne Zögern angehe. Ich denke, das kommt daher, dass ich im Laufe meines Lebens in vielen Situationen gelernt habe, dass Arbeiten, die schwierig erschienen, manchmal ganz einfach zu lösen waren.

Wenn wir unseren Wert und unsere Anerkennung bei Gott gefunden haben, ist es nicht mehr so entscheidend, ob wir vor anderen Menschen klug dastehen. Wir müssen unsere Meinung nicht mehr zu allem äußern. Wir können in Gesprächen *schweigen,* auch wenn wir manches besser wissen. Nicht mehr überall mitreden zu müssen, ist ein Zeichen beginnender Weisheit. Um so bedeutsamer sind die Anlässe, in denen wir deutlich vom Heiligen Geist her spüren, dass wir reden sollten.

Wir erkennen dann auch, dass wir nicht mehr alles unter Kontrolle haben müssen. Solches *Loslassen* erfordert Vertrauen und Weitherzigkeit. Es ist eine freiwillige Entscheidung. Andere werden manches anders machen. Aber das liegt dann nicht mehr in unserer Verantwortung. Loslassen-Können ist ein Zeichen von Reife und führt zur Gelassenheit. Aber das Sich-Trennen von gewohnten Lebensbereichen erfordert manchmal auch Trauerarbeit.

Ausgewogen wachsen

Rechtes Wachstum wirkt sich immer ganzheitlich aus. Wenn wir geistlich reifer werden, dann wachsen wir auch in unserer Persönlichkeit und in unseren Beziehungen.

!

Der amerikanische Seelsorger und Autor Donald E. Anderson ermutigt uns, bis zu unserem Lebensende in den folgenden sieben Bereichen Fortschritte zu machen:

1. In der Ehe,
2. geistlich,
3. intellektuell,
4. in Bezug auf körperliche Aktivitäten,
5. im Setzen von Zielen für die Zukunft,
6. in Bezug auf neue Erfahrungen,
7. im Dienst für andere Menschen.[10]

Es ist lohnend, sich diese Punkte einmal einzeln vorzunehmen, darüber nachzudenken und dann einige persönliche Wachstumsschritte zu formulieren. Nach einem Vierteljahr könnten wir dann überprüfen, ob wir Fortschritte gemacht haben. Veränderungen erkennt man meist erst im Rückblick ...

Geistliches Wachstum ist jedoch kein Selbstzweck. Wir werden zwar reich beschenkt, je mehr wir in Gottes Absichten hinein kommen. Das geschieht aber auch, um uns fähiger zu machen, anderen zu dienen.

Auch im hohen Alter sind Wachstum und schöpferische Tätigkeit möglich. Der italienische Maler, Bildhauer, Architekt und Dichter Michelangelo (1475–1564) schuf noch mit über 66 Jahren Deckenfresken in der Sixtinischen Kapelle. Das war nicht nur eine schöpferische Leistung, sondern auch eine beachtliche körperliche Anstrengung.

Der niederländische Maler Rembrandt van Rijn (1606–1669) schuf im Alter die reifsten Kunstwerke, unter anderem »Die Heimkehr des verlorenen Sohnes«. Durch leidvolle Erfahrungen gewann er eine tiefere Einsicht in menschliche Situationen und Zusammenhänge.

Der russisch-französische Künstler Marc Chagall (1887–1985) gestaltete als sein letztes Werk die Chorfenster der Mainzer St.-Stephan-Kirche. Er starb mit 98 Jahren auf dem Weg vom Atelier in seine Wohnung.

Der weltberühmte spanische Cellist Pablo Casals (1876–1973) gab bis in sein 88. Lebensjahr Konzerte. Aber auch danach übte er täglich. Als man ihn nach dem Grund dafür fragte, erklärte er: »Ich habe den Eindruck, dass ich Fortschritte mache.« Auch sein Wahrnehmungsvermögen nahm zu: »Ich bin jetzt über 93 Jahre alt, also nicht gerade jung, jedenfalls nicht mehr so jung, wie ich mit 90 war. Aber Alter ist überhaupt etwas Relatives. Wenn man weiter arbeitet und empfänglich bleibt für die Schönheit der Welt, die uns umgibt, dann entdeckt man, dass Alter nicht notwendigerweise altern bedeutet, wenigstens nicht altern im landläufigen Sinne. Ich empfinde heute viele Dinge intensiver als je zuvor und das Leben fasziniert mich immer mehr.«

Auch in unserer Zeit gibt es ermutigende Beispiele geistiger Beweglichkeit und persönlichen Engagements im fortgeschrittenen Lebensalter.

Ein Gespräch, das ich einmal zufällig im Radio hörte, hat mich sehr beeindruckt. Der 100-jährige Philosoph Hans-Georg Gadamer (1900–2002) sollte zu Zeitfragen Stellung nehmen. Er erwies sich trotz seines Alters als allseitig informiert und konnte ein ausgewogenes Urteil abgeben.

Altbundeskanzler Helmut Schmidt, geboren 1918, wird als *Elder Statesman* immer wieder zu wirtschaftlichen und politischen Themen um Stellungnahmen gebeten. Dafür muss er aktuell informiert sein. Im Alter von 86 Jahren schreibt er: »Das Wissen beruht zum Teil auf einer Erfahrung von Jahrzehnten. Zu einem anderen Teil beruht es auf täglicher Informationsarbeit. Ich lese jeden Tag zehn Zeitungen, darunter eine englische und eine amerikanische Zeitung. Ich halte mich jeden Tag auf dem Laufenden über das, was in den französischen Zeitungen und Kommentaren wichtig ist. Das Gleiche gilt für Polen, für Russland, für China. Die tägliche Informationsarbeit kostet etwa eineinhalb bis zwei Stunden.«[11]

Wer schon immer geistig rege war, wird das auch im Alter fortführen können. Wer schon immer geistig träge war, wird sich kaum dazu aufraffen. Es sei denn, eine Wende in seinem Leben gibt ihm neue Perspektiven. Um unser Alter erfüllt zu leben, brauchen wir die Überzeugung, dass auch der dritte Lebensabschnitt sinnvoll ist und uns klare Aufgaben stellt. Wer Aufgaben und Ziele hat, bleibt lebendig und altert langsamer.

Informiert sein

Nach Epheser 4 gehört zu Reife, dass wir uns nicht mehr durch jeden Wind der Lehre hin und her werfen lassen. Wir haben unsere Grundlage in einer soliden Kenntnis von Gottes Wort. Die Lehren und Strömungen unserer Zeit können wir von der Bibel her beurteilen.

Menschen im Ruhestand haben Zeit, um sich gründlicher mit Themen auseinanderzusetzen. Sie können sich in Bereichen kundig machen, in denen die Mehrheit der

Bevölkerung nicht informiert ist. Zu solcher Reife gehört auch Mündigkeit. Mündigkeit bedeutet in unserer Sprache, seinen Mund zu gebrauchen, sprachfähig zu werden. Dann können sie anderen ihre Kenntnisse weitergeben.

> *»Wenn du dich zu keinem Thema äußern kannst, musst du darum ringen, bis du es kannst. Wenn du das nicht tust, wird jemand sein Leben lang dadurch ärmer sein.«*[12]
> (Oswald Chambers, schottischer Pastor, 1874–1966)

Als Kundige sollten wir viel mehr Widerstand leisten, wenn Dinge in unserer Gesellschaft schief laufen. Für vieles, das wir heute beklagen, wurden die Weichen zu einer Zeit gestellt, als wir im aktiven Berufsleben waren. Wir haben damals unser Wächteramt nicht ausreichend wahrgenommen, haben uns nicht dagegen gewandt. Heute können wir es tun durch Briefe an Rundfunk- und Fernsehsender, durch Leserbriefe an Zeitschriften und durch Briefe an Politiker. Der bekannte Arzt und Seelsorger Paul Tournier (1898–1986) hat formuliert:

> *»Ich bin ganz davon überzeugt, dass man jedes beliebige Vorurteil umstürzen kann, sobald überzeugte Menschen es anprangern. Was die Stärke eines Vorurteils ausmacht, ist die Zustimmung von allen. Es besteht also eine universale Mitschuld, für die jeder von uns verantwortlich ist.«*[13]

Gott wird uns vollenden

> *»Es ist gut, wenn uns die verrinnende Zeit nicht als etwas erscheint, was uns verbraucht, sondern als etwas, was uns vollendet.«* (Antoine de Saint-Exupéry, französischer Schriftsteller und Flieger, 1900–1944)

Weil Sie nach Gottes Ebenbild geschaffen sind, haben Sie Würde, unabhängig von Ihrem Befinden. Als Kind Gottes haben Sie Anteil an der ganzen Fülle Christi – hier und in der zukünftigen Welt. Gott möchte Ihnen zunehmend Weisheit und Erkenntnis geben.

Die körperlichen Kräfte lassen im Alter nach. Doch geistlich können wir bis zuletzt wachsen und reifen. Die letzten Lebensjahre können in dieser Hinsicht die wertvollsten werden. Gott möchte uns *zu seiner Zeit* als Vollendete heimholen.

Zum Nachdenken

Habe ich Gott erlaubt, mich zu der Person zu machen, die ich werden soll?

Kenne ich Gottes Ordnungen und seine Verheißungen? Bin ich mit seinem Wort so vertraut, dass es Richtschnur für mein Leben ist?

Strecke ich mich aus nach der Fülle des Lebens, die Gott für mich bereithält?

Habe ich einen Seelsorger/Mentor/geistlichen Begleiter, dem ich über mein Leben Rechenschaft geben kann?

Zum Weiterlesen

Bill Hybels, *Entfalte deinen Charakter. Praktische Schritte zu einem authentischen Leben,* Asslar 2004. Anleitung mit Arbeitsaufgaben zur Entfaltung von Eigenschaften wie Mut, Mitgefühl, Wahrhaftigkeit und Hingabe.

Ulla Schaible, *Mein Glaube soll mitwachsen. Lebensphasen und Glaubensentwicklung,* Gießen 1996. Die Autorin beschreibt Entwicklungsschritte für alle Altersstufen und die damit verbundenen Möglichkeiten geistlichen Wachstums.

Günther Schaible, *Weiterkommen. Geistlich wachsen – Leben entfalten – Frucht bringen,* Wörnersberg 2002. Enthält viele Vorschläge für Wachstumsschritte im Alltag.

Roland Werner, *Aufbruch zu Gott. Unterwegs zu einem reifen Glauben,* Witten 2002.

KAPITEL 5

Berufen, loszulassen und neu anzufangen

Viele Menschen schleppen Lebensballast mit sich herum: Besitz, Gewohnheiten, Traditionen. Gerade im Alter ist es wichtig, sich auf das Wesentliche zu konzentrieren, auf das, was vor Gott Bestand hat, was im Einklang mit unserer Berufung steht. So sehr wir uns auch bemühen, unser Lebenswerk wird fragmentarisch bleiben. Wir werden nicht alles schaffen, was wir uns vorgenommen haben. Deswegen brauchen wir die innere Freiheit, Unvollendetes zu hinterlassen. Das fällt Perfektionisten besonders schwer ...

Loslassen

Mit der »Entberuflichung«, so der Fachausdruck, müssen wir unseren Beruf loslassen. All das, was viele Jahre unser Leben bestimmt hat. Einige werden froh sein, es endlich hinter sich zu lassen. Andere halten es noch innerlich fest. Viele Menschen haben – oft mehr, als ihnen bewusst ist – ihren Wert, ihre Identität im Beruf gefunden. Das fällt nun weg. Daher ist es so wichtig, dass wir unseren Wert nicht durch unsere Leistung, sondern durch unsere Gotteskindschaft finden. Bei Gott sind wir wertvoll auch ohne jede Leistung.

Zur Ruhe kommen

Manche Menschen stürzen sich nach dem Ende ihrer Berufstätigkeit in zahlreiche Aktivitäten. Das ist gefährlich, denn es erzeugt Unruhe. Und so verhindert es das Nachdenken und Planen. Wenn man nicht aufpasst, wird man schnell vielfältig vereinnahmt.

Deshalb ist es ratsam, wenn die Umstände es zulassen, zunächst eine *Sabbatzeit* einzulegen, wenn möglich an einem anderen Ort. Wenn wir von Gott her die Überzeugung gewonnen haben, dass eine solche Zeit dran ist, dann finden sich auch die Voraussetzungen dafür. Diese Auszeit ermöglicht es, Rückschau zu halten, die Vergangenheit aufzuarbeiten und Zukunftsperspektiven zu entwickeln. Es ist gut, in dieser Zeit einen geistlichen Begleiter zu haben, mit dem wir über die aufkommenden Fragen sprechen können.

Die Vergangenheit bewältigen

Wer einen Neubau errichten will, muss erst die Altlasten im Baugrund beseitigen. Jesus sagt:

> *Wer seine Hand an den Pflug legt und sieht zurück, der ist nicht geschickt für das Reich Gottes.* (Lukas 9,62)

Nur mit einer bereinigten Vergangenheit können wir in der Gegenwart leben und unbelastet in die Zukunft gehen.

Wir kennen sicher Menschen, die immer von »früher« reden. Sie leben in der Vergangenheit und entfliehen so der Gegenwart. Besonders im hohen Alter sind manche dieser Menschen immer noch bitter über erlittenes Unrecht oder plagen sich mit einem schlechten Gewissen herum wegen eigener Schuld. All das belastet den dritten und vierten

Lebensabschnitt und verhindert das eigentliche Leben. Als Christen haben wir das Angebot von Seelsorge und Vergebung, durch die uns Jesus diese Lasten abnimmt.

Welche Lasten tragen Sie immer noch aus Ihrer Vergangenheit mit sich herum? Am schwersten lastet eigene Schuld. Oft wird sie tief verdrängt. Haben Sie von Jesus Vergebung dafür erhalten? Ganz gleich, wie groß Ihre Schuld ist – Betrug, Ehebruch, Abtreibung, Diebstahl –, Jesus hat dafür am Kreuz bezahlt. Ihr weiteres Leben kann neu and unbelastet sein! Wer den Mut findet, zu einer seelsorgerlich erfahrenen Person zu gehen und Schuld zu bekennen, dem wird im Namen Jesu Vergebung zugesprochen. Welch eine Befreiung, wenn diese Schuld nun nicht mehr zwischen Gott und mir, aber auch nicht mehr zwischen mir und den Personen steht, an denen ich schuldig geworden bin!

Vergebung schafft die Voraussetzung, gestörte Beziehungen auch auf der menschlichen Ebene zu bereinigen und zu verändern – sofern die betreffende Person noch lebt. Hier müssen wir uns von Gott leiten lassen, ob wir etwas ansprechen oder ruhen lassen sollen. Oft leben die Personen, denen wir Unrecht getan haben, nicht mehr. Dann können wir unsere Schuld bei Jesus abgeben.

Frieden mit der eigenen Lebensgeschichte schließen

In unserem bisherigen Leben sind wir alle durch positive und negative Erfahrungen gegangen. Worüber sind Sie noch bitter und enttäuscht? Sie können nichts mehr daran ändern, dass etwa Ihre Familie arm war, dass sich Ihre Eltern trennten, dass Sie eventuell sogar in einem Heim aufgewachsen sind. Vielleicht konnten Sie nicht die Ausbildung machen, die Ihren Gaben entsprach. Haben Sie Frieden über Ihr Alleinsein (Ehelosigkeit, Witwenschaft)? Manche haben auch nie die berufliche Anerkennung erhalten, die ihrer Leistung entsprach. Vielleicht sind Sie unter demütigenden Bedingungen aus Ihrer letzten Arbeitsstelle ausgeschieden.

Vergeben Sie den beteiligten Menschen! Bitten Sie Gott aber auch um Vergebung für alle Ihre falschen Reaktionen von Rebellion, Anklage, Lieblosigkeit, Groll. Alles, was Sie an Gott ausliefern, wird er in Segen verwandeln. Gott möchte Ihnen jetzt erfülltes Leben geben. Vertrauen Sie ihm!

Vergeben Sie aber auch sich selbst! Das ist oft am schwersten. Wir haben schwere Fehler gemacht. Dadurch ist unser Leben anders verlaufen, als wir es uns gewünscht hätten. Auch darüber sollen wir Frieden finden. Gott schreibt auf krummen Zeilen gerade. Auch dann kommt er mit uns zum Ziel! Alle Ereignisse unseres Lebens haben Bedeutung. Wir müssen nichts verdrängen.

Schließen Sie auch Frieden mit Gott! Oft ist da noch Anklage, weil er schlimme Dinge in unserem Leben zugelassen hat. Doch Gott hat den größeren Überblick. Er hat verheißen, dass denen, die ihn lieben, alle Dinge zum Besten dienen. Mit Gott Frieden zu schließen, räumt Vorbehalte und Blockaden aus dem Weg. Das schafft die Voraussetzung, um ihm völlig zu vertrauen und uns seiner Vaterliebe aussetzen zu können.

Bereinigte Beziehungen

Menschen haben Sie verletzt, geschädigt, beleidigt, vernachlässigt, enttäuscht. Haben Sie ihnen allen vollständig vergeben? Haben Sie sich mit Ihren Eltern versöhnt – soweit das möglich war? Können Sie Ihre Kinder loslassen, auch wenn sie Wege gehen, die Sie nicht verstehen und nicht für gut halten? Gott kümmert sich um sie!

Die Kinder der Frommen werden gesegnet sein.
(Psalm 112,2b)

Haben Sie Ihrem Ehepartner vergeben, auch wenn er Sie verlassen hat?

Bitterkeit im Herzen zu bewahren, hat die gleiche Wirkung wie täglich Gift zu nehmen. Es macht krank und zerstört das Leben. Verbitterte Menschen sind eine Last für ihre Umgebung. Was auch immer Ihre Eltern getan oder versäumt haben – wenn Sie sie ehren, kommt Segen in Ihr Leben. Erst wenn Vergebung unsere Beziehung bestimmt, können wir auch die guten Seiten unserer Eltern erkennen und schätzen. Sie sind ja Teil unseres Lebens.

Hier wird deutlich, wie wichtig eine Zeit des Innehaltens und der Rückschau für die kommenden Jahre ist. Das Aufarbeiten der Vergangenheit ist ein längerer und sicherlich auch schmerzhafter Prozess. Für viele der notwendigen Klärungs- und Heilungsschritte brauchen wir seelsorgerliche Begleitung. Es ist gut, wenn sie in einer geschützten Umgebung stattfinden kann. Wer sich gleich wieder in Arbeit stürzt, verdrängt die Vergangenheit. Sie wird ihn später einholen!

Mit 60 Jahren hatte ich erstmals das Glück, eine Zeit intensiver Seelsorge zu haben. Dabei konnte ich meine

Beziehungen von der Jugend an aufarbeiten. In mir steckte zum Beispiel viel Rebellion gegen jegliche Form von Autorität. Ich erkannte, dass das mit meiner sehr dominanten Mutter zusammenhing. Als ich ihr vergeben hatte, verschwand diese Rebellion. Seither kann ich Autoritäten anerkennen und mich ihnen unterordnen. Ich kann nun aber auch selbst Autorität sein. Am Ende der Seelsorgezeit meinte der Seelsorger: »Was du jetzt mit 60 Jahren getan hast, das wünschten wir jungen Leuten mit 20.« Wie wahr! Manche Lebensgeschichte würde dann anders verlaufen. Aber auch mit 60 Jahren kann man noch einen solchen Neuanfang machen! Und man erhält die Möglichkeit, mit dieser Erfahrung anderen zu dienen. Überzeugend ist nur, was durch das eigene Leben abgedeckt ist.

Heilung durch Berufung

Manche Menschen durchlaufen lange Seelsorgeprozesse, um von Fehlprägungen und Gebundenheiten frei zu werden. Erfahrene Seelsorger beobachten, dass dieser Prozess erst dann einen bleibenden Abschluss findet, wenn die Ratsuchenden ihre Berufung gefunden und angenommen haben. Dann haben sie eine Aufgabe gefunden, für die es sich lohnt, die falschen Lebensmuster hinter sich zu lassen.

> *»Nichts auf der Welt setzt die Heilung eines Menschen so tief und umfassend frei wie sein Gehorsam gegenüber dem Ruf Gottes.«* (Karsten Wagner, *Berufung,* Kitzingen 2005)

Unsere Angelegenheiten ordnen

Auch das gehört zur Vergangenheitsbewältigung. Wer seine Angelegenheiten nicht geregelt hat, lebt in Unruhe und hinterlässt seinen Erben Probleme. Wer dagegen die Unklarheiten beseitigt hat, kann sich getrost den Aufgaben widmen, die ihm jeden Tag von Gott gestellt werden.

Zu den wesentlichen Aufgaben und Fragen in diesem Bereich gehören:

- das Abfassen oder Aktualisieren eines Testaments,
- das Ausstellen einer Generalvollmacht.
- Wo werde ich die letzten Lebensjahre verbringen?
- Wer soll mich gegebenenfalls pflegen?
- Wie weit will ich lebensverlängernde Maßnahmen (Patientenverfügung)?
- Wo und wie will ich beerdigt werden?

Es ist lieblos gegenüber unseren Kindern oder anderen Angehörigen, diese Entscheidungen aufzuschieben oder überhaupt nicht zu treffen.

Es ist gut, wenn wir einen Teil unseres Besitzes oder Vermögens bereits zu Lebzeiten der nachfolgenden Generation übergeben können. Gerade in ihren aktivsten Lebensjahren können unsere Kinder es gebrauchen. Auch lässt sich so ein Teil der Erbschaftsteuer sparen. Viel Hausrat ist im Alter entbehrlich. Ihn wegzugeben, vereinfacht unser Leben. Viele Menschen müssen im Alter aus ihrer geräumigen Wohnung in eine kleinere oder gar ein einzelnes Zimmer in einem Altersheim ziehen. Oft muss dies kurzfristig aus einer Notlage heraus geschehen. Da ist es hilfreich, wenn der Besitz schon vorher auf das Notwendige reduziert wurde.

Es fällt uns schwer, uns von Gegenständen zu trennen, die uns wichtig geworden sind. Nicht immer ist es möglich, sie anderen Menschen zu schenken, die sie gebrauchen und wertschätzen können. Manchmal sind es Umstände, die das Loslassen notwendig machen. Ich besaß eine Bibel, in der ich viel gearbeitet und unterstrichen hatte. Als ich einen Kongress besuchte, hatte ich sie in die Schreibtischschublade meines Hotelzimmers gelegt. Bei der Abreise vergaß ich, sie mitzunehmen. Ein Anruf im Hotel ergab, dass das Zimmermädchen sie bereits mit anderen Unterlagen in den Müll geworfen hatte und der Müllcontainer bereits abgeholt worden war. Mich hat das geärgert und betrübt. Beim Nachdenken konnte ich es aber als ein Zeichen von Gott annehmen, als Lehre, dass ich mich künftig von vielen wichtigen Dingen trennen muss.

Aufzeichnungen sichten, ordnen oder entsorgen

Bei den meisten Menschen haben sich über die Jahre Aufzeichnungen, Briefe, Bilder und Dias, Tagebücher und manch andere Erinnerungsstücke angesammelt. Es lohnt sich, dieses Material zu sichten und das Wertvolle geordnet aufzubewahren. Dann hat es auch Wert für die Nachkommen. Es ist immer schmerzhaft zu erleben, wie solche Unterlagen achtlos im Container landen, weil niemand ihren Wert erkennt oder niemand die Zeit hat, sie zu sichten.

In meiner Familie sind trotz mancher Umzüge und Kriegsschäden sehr viele Briefe, Dokumente und Fotos, aber auch Chroniken von Großeltern und Eltern erhalten geblieben. Ich selber habe seit 1961 täglich stichwortartig die wichtigsten Ereignisse festgehalten. Jetzt sehe ich diese Unterlagen nach und nach durch. Und ich staune, welche Schätze dabei zu Tage kommen. Einiges hat historischen Wert und wurde von entsprechenden Archiven gern genommen. Das Wichtige habe ich chronologisch geordnet. Es diente mir als Grundlage für einen persönlichen und einen wissenschaftlichen Lebenslauf.

So fand ich ein kleines Heft, das meine Mutter für ihre Mutter gestaltet hatte, als diese ihren Sohn im ersten Weltkrieg verlor. Meine Mutter beschrieb darin mit Schönschrift unter dem Titel »Stunden der Freude« gemeinsame Erlebnisse der Geschwister in der Kindheit. Sie hatte dieses Heft liebevoll gestaltet und mit eigenen Zeichnungen illustriert. Jetzt erhielt es eine Enkelin als Erinnerungsstück.

Ein solcher Rückblick lässt mich auch erkennen, wie viel Gott in mein Leben investiert hat, wie er mich geführt und in Gefahren bewahrt hat – schon lange, bevor ich anfing, mein Leben bewusst mit Gott zu führen. Dadurch ist mir der Abschnitt aus Klagelieder 3,22–23 bewusst geworden:

> *Die Güte des HERRN ist's, dass wir nicht gar aus sind, seine Barmherzigkeit hat noch kein Ende, sondern sie ist alle Morgen neu, und deine Treue ist groß.*

Jeder neue Tag ist ein unverdientes Geschenk. Und wenn Gott mich noch nicht heimgeholt hat, dann hat er offensichtlich noch etwas mit mir vor.

Unser Lebensgeschichte aufschreiben

Immer wenn ein älterer Mensch stirbt, geht ein Teil Familiengeschichte unwiederbringlich verloren. Oft wünschten wir, wir könnten die Person noch nach diesem oder jenem fragen. Deshalb sollten wir unsere Lebensgeschichte aufschreiben. Dabei können wir ehrlich sein, unsere Schwächen und unser Versagen ebenso ansehen wie unsere Stärken und Erfolge.

Der Theologe Oskar Schnetter schlägt vor, den eigenen Lebensablauf einmal auf einem großen Blatt tabellarisch zusammenzufassen. In die erste Spalte trägt man Lebensjahre und Jahreszahlen ein, in weiteren Spalten dann Wohnorte, Lebensereignisse, Familienerfahrungen, Reisen, Urlaube, weltgeschichtliches Geschehen. Oskar Schnetter tat dies mit Lineal und Stift auf einem großen Kalenderblatt.[14] Meine Frau und ich nehmen dazu den Computer und können unsere Tabelle so jederzeit ergänzen. Es ist erstaunlich, welche Zusammenhänge sich dabei ergeben!

Der Rückblick auf unseren bisherigen Lebenslauf lässt Ereignisse und Zusammenhänge in einem neuen Licht erscheinen. Manches, was wir negativ erlebt haben, erweist sich rückblickend als bedeutungsvoll und unter Umständen sogar positiv. Vor allem sehen wir, wie Gott uns schon immer geführt hat. Und wir erkennen, welche Personen uns geprägt haben.

Es findet großen Anklang, wenn wir unseren Enkeln dann aus unserer Biographie vorlesen oder beim Familientreffen etwas daraus vortragen. Wichtig ist es auch, für unsere Nachkommen aufzuschreiben, wie wir zum Glauben gekommen sind und was er uns bedeutet.

Wir haben eine Verwandte, die vor vielen Jahren nach Kanada ausgewandert ist. Mit 80 Jahren hat sie sich das Arbeiten mit dem Computer beigebracht. Dann hat sie für ihre Enkel auf Englisch ihre Lebensgeschichte aufgeschrieben und sie mit Bildern versehen. Das umfangreiche Werk ist gut lesbar, weil es in überschaubare Abschnitte gegliedert ist. Dabei kommen Themen vor, von denen die heutige Generation kaum noch etwas weiß: die Dorfschule, der Waschtag, die Hausschlachtung, das Helfen in der Ernte ... Wir sind dankbar, dieses geschichtliche Dokument zu haben. Es ist zugleich ein Beispiel dafür, wie viel Neues ein älterer Mensch lernen und sinnvoll einsetzen kann.

Solche *Biographiearbeit* kann auch eine gute Vorbereitung für die seelsorgerliche Aufarbeitung der Vergangenheit sein. Und sie hat große Bedeutung für die Arbeit mit älteren Menschen. Dafür gibt es gute Anleitungen.[15] Erzählen zu dürfen, ist ein Grundbedürfnis älterer Menschen. Vielen fehlt die Gelegenheit dazu. In Gruppentreffen sollte auch die Möglichkeit bestehen, aus der eigenen Lebensgeschichte zu erzählen: Geschichte ist eine Quelle eigener Identität. Im Rückblick kann auch bewusst werden, was Gott getan hat, wie er durchgetragen hat. So wächst Glaubensgewissheit. Das Erzählen aus der Vergangenheit kann auch alten Schmerz zu Tage fördern. Dann kann er bearbeitet und zur Ruhe gebracht werden. Geistig müde gewordene Personen werden lebhaft, wenn sie aus ihrer Vergangenheit erzählen können.

Frieden finden, Ruhe und Zuversicht ausstrahlen

Alte Menschen sollen Vorbilder sein, die Ruhe und Frieden ausstrahlen. Das können wir nur, wenn wir Frieden geschlossen haben mit Gott, mit den Mitmenschen und mit uns selbst. Dann werden wir ruhende Pole in einer hektischen Gesellschaft. Dann strahlen wir eine gelassene Heiterkeit aus. Es soll für Menschen durchscheinen, dass ein Leben in Jesus Christus Freude und Begeisterung schenkt.

Wir wollen wie ein Spiegel sein, der die Liebe und Güte Gottes im Alltag reflektiert. Wenn wir so leben, werden die Heranwachsenden keine Mühe haben, uns zu achten.

Wesentlich ist in diesem Zusammenhang die *Dankbarkeit*. Im Alter erkennt man erst, dass viele Dinge nicht selbstverständlich sind. Wenn wir anfangen, zu danken, dann kann uns das verändern. Wenn wir danken für Gesundheit, die Freundlichkeit und Fürsorge anderer Menschen, für gute Gespräche, Bewahrung auf Wegen und Fahrten und vieles andere mehr. Das alles ist die Fürsorge Gottes. Der Schriftsteller Manfred Hausmann (1898–1986) sagte in der Rede zu seinem 85. Geburtstag: »Es ist, als offenbare sich erst dem alten Menschen im neuen und intensiven Annehmen der Dinge und Geschöpfe ihr eigentliches Wesen auf dieser trotz allem so schönen und geliebten Erde. Vieles von dem, was er früher als Selbstverständlichkeit betrachtet hat, wird jetzt zu einem kostbaren Geschenk. Und dann bleibt es nicht aus, dass dem alten Menschen ein großes Gefühl vom Kopf bis zu den Füßen durchschauert, immer wieder: Dankbarkeit. Der alte Mensch wird, wenn er nicht von allen guten Geistern verlassen ist, was freilich auch vorkommt, fast zwangsläufig zu einem dankbaren Menschen.«[16]

Neu anfangen

> *»Altsein ist ein herrlich Ding, wenn man nicht verlernt hat, was Anfangen heißt.«* (Martin Buber, jüdischer Philosoph und Theologe, 1878–1965)

Älterwerden kann als ein Prozess des Verlierens und des Gewinnens gesehen werden. Altes bleibt zurück, Neues kann begonnen werden. Die neu gewonnene Freiheit von beruflichen Verpflichtungen schafft Raum, Neues zu beginnen. Das bedeutet: Loslassen und Verantwortung übernehmen, Aufhören und Neubeginn, Erinnern und Erwarten.

Mancher wird sogar eine Ausbildung machen, um anderen Menschen danach besser helfen zu können. Inzwischen gibt es dafür eine Vielzahl seniorengerechter Kurse, zum Teil unter dem Titel »Seniorenakademie«.[17]

Vor allem gibt der Ruhestand die Möglichkeit, sich eingehender mit Gottes Wort zu befassen, etwa einen Bibelkurs zu machen oder eine Bibelschule zu besuchen. Dazu bieten sich auch Kurzbibelschulen oder Fernkurse an. Inzwischen bieten auch die ersten Bibelschulen Kurse speziell für Ältere an.

Gott gibt uns klare Antwort auf alle wesentlichen Fragen. Gottes Wort ist die Wahrheit. Gottes Wort hat Bestand. Es ist für alle Bereiche unseres Lebens und unserer Gesellschaft gültig. Deshalb müssen wir es kennenlernen und immer mehr damit vertraut werden. Gottes Ordnungen unterscheiden sich in vielen Bereichen stark von den Ansichten und der Lebensweise in unserer Umwelt. Daher müssen wir uns entscheiden, ob wir Gott oder den Menschen gehorchen wollen. Es geht um die Entscheidung zwischen Gottes Geist und dem Zeitgeist.

Ein neues Ehefundament

Das längere Lebensalter schafft auch für Ehen eine ganz neue Situation. Zu Beginn des 20. Jahrhunderts dauerte eine Ehe durchschnittlich etwa 15 Jahre; dann starb ein Partner. Heute kann sie 40 Jahre oder länger dauern. Das erfordert immer neue Arbeit an der Beziehung.

Der Übergang eines Ehepartners in den Ruhestand kann für beide eine ganz schöne Herausforderung werden. Die Rollenverteilung aus der Berufszeit gilt nicht mehr. Bisher waren die Aufgabenbereiche klar geordnet und jetzt ist der Partner plötzlich den ganzen Tag zu Hause und mischt sich in Dinge ein, die ihn früher kaum interessierten. Wenn die Frau noch länger berufstätig ist, übernimmt der Mann einen Teil der Hausarbeit. Bisher konnte man manchen Konfliktfeldern aus dem Weg gehen. Jetzt müssen Konflikte angegangen werden. In der Vergangenheit kam man in der geringen gemeinsamen Zeit gut miteinander aus. Nun kann sich auf einmal zeigen, dass die Bereiche wirklicher Gemeinschaft doch recht klein sind. Man hat sich wenig zu sagen. Nach neueren Statistiken erreicht die Zahl der Ehescheidungen im Alter erneut einen Höhepunkt.

Das veränderte Miteinander erfordert neue Absprachen – möglichst bevor die Spannungen eskalieren. Dafür ist es gut, Anleitung und Begleitung zu haben. Es gibt gute Ehekurse auch für ältere Paare. So kann die Ehe in der dritten Lebensphase neuen Tiefgang erhalten.

Wir lebten viele Jahrzehnte in verschiedenen Lebensbereichen. Meine Frau war mit Haushalt, Kindern und in der Gemeinde ausgefüllt. Ich lebte in der Wissenschaft und war viel unterwegs. Nach unserem »Ausstieg«, den ich im Vorwort beschrieben habe, hatten wir eine Sabbatzeit, in der wir Seelsorge in Anspruch nahmen. Zum ersten Mal hatten wir viel Zeit füreinander und konnten Dinge gründlich gemeinsam tun. Das haben wir sehr genossen. Dabei waren wir aber auch gefordert, unsere Beziehung kritisch zu betrachten und auf eine neue Grundlage zu stellen.

In dieser Lebensphase ist es wichtig herauszufinden, welche Berufung jeder Einzelne hat und welche gemeinsame Berufung wir haben. Wir müssen einander freigeben für die jeweils spezifische Berufung und versuchen, einander darin zu ermutigen und zu fördern. Bei der gemeinsamen Berufung können wir uns in der Verschiedenheit von Mann und Frau ergänzen. Wo der Mann dazu neigt, dynamisch unbekümmert voranzugehen, kann die Frau ihn mit ihrer Intuition auf Problemfelder und Empfindlichkeiten aufmerksam machen. Dadurch können Verletzungen und Fehlentscheidungen vermieden werden.

Körperlich und geistig fit bleiben

Wenn wir ganz für Gott verfügbar sein wollen, umfasst das auch die Verantwortung für einen gesunden Körper und einen wachen Geist. Wir sind der Tempel des Heiligen Geistes. Dieser Tempel sollte in gutem Zustand gehalten werden. Davon profitieren wir selbst am meisten.

Den meisten Menschen ist nicht bewusst, dass ihr Leben im Alter von falschen Verhaltensweisen geprägt ist, die im bisherigen Leben eingeübt wurden. Mangelnde Bewegung ist zum Beispiel bei älteren Menschen weit verbreitet. Oft ist es schlicht Trägheit. Doch diese Antriebsarmut muss überwunden werden. Das gleiche gilt für die geistige Unbeweglichkeit. Sie sind die Wegbereiter von Hirnabbau und zukünftiger Hilflosigkeit. Die Menschen müssen heraus aus dem beschaulichen kleinen Dreieck Ruhe – Garten – Fernsehen. Denn damit stehlen sie sich aus der Verantwortung, die sie als Bürger und erst recht als Christen in unserer Gesellschaft haben.

Viele Altersprobleme gehen auf jahrelange Inaktivität zurück. In der Gruppe der 65- bis 69-Jährigen wird das höchste Übergewicht registriert. 73 Prozent der Männer und 69 Prozent der Frauen in dieser Altersgruppe wiegen zu viel. Regelmäßige Übungen verbessern Fitness und Wohlbefinden. Es ist erfreulich, dass ältere Teilnehmer in Fitness-Studios, Gymnastikgruppen und beim Walking inzwischen zum normalen Bild gehören. Aber noch wird zu wenig davon Gebrauch gemacht. Wenn Ältere sich zusammenschließen, können sie wesentlich kostengünstigere Kurse und Sportmöglichkeiten schaffen.

Geschwächte Muskeln und mangelndes Koordinationsvermögen sind vermeidbare Gründe für Stürze. 5 bis 10 Prozent davon haben eine Fraktur zur Folge. Diese führt häufig zu langen Krankenhausaufenthalten, bei 20 Prozent der Schenkelhalsfrakturen bei den über 65-Jährigen sogar zu dauernder Pflegebedürftigkeit. Wer durch entsprechende Übungen seine körperliche Kraft und sein Koordinationsvermögen erhält, kommt im statistischen Durchschnitt fünf Jahre später ins Pflegeheim.

Geistige Fitness hält vital, so dass im statistischen Durchschnitt eine Demenz erst fünf Jahre später auftritt. Genetische Anlagen bestimmen nur etwa ein Drittel des Alterungsfortschritts. Der Lebensstil spielt eine größere Rolle. Wer also geistig und körperlich rege bleibt, altert langsamer.[18]

Daher gibt es zunehmend Bemühungen, ältere Menschen zu aktivieren und aktiv zu halten. Es ist lohnend, sich nach den Angeboten der eigenen Kommune zu erkundigen. Wesentlich mehr Menschen können aber von solchen Programmen nur erreicht werden, wenn sie durch private

Initiativen ergänzt werden. Solche Gesundheitsprophylaxe spart enorme Gelder für die stationäre Versorgung. In diesem Sinne könnten wir viel Gutes für die älteren Menschen in unserer Umgebung wirken. Die Ausbildung zum Seniorentrainer ist ein lohnender Dienst an älteren Menschen. Aktive Alte müssen sich zu Fürsprechern und Helfern für die Hochbetagten (80 plus) machen. Ihnen sollte so lange wie möglich ein selbstbestimmtes Leben in der eigenen Wohnung ermöglicht werden.

Wir dürfen diese Aspekte auch geistlich sehen. Körper und Geist sind Geschenke Gottes, uns zum Gebrauch in seinem Sinne anvertraut. Daher sollten wir sie achten und pflegen. Trägheit ist Sünde! Die Bibel zeigt uns am Beispiel des Priesters Eli sowie der Könige David und Salomo, wie gerade im Alter mangelnde körperliche Fitness und geistliche Kompromisse das Leben entscheidend beeinträchtigen.

Neues lernen

> *»Wer aufhört zu lernen, ist alt. Er mag zwanzig sein oder achtzig!«* (Henry Ford, amerikanischer Automobilhersteller, 1863–1947)

Ohne ständiges Hinzulernen ist unsere Unabhängigkeit gefährdet. Es ist eine Herausforderung, die Schwierigkeiten zu überwinden, die uns durch Geldautomaten, Fahrkartenautomaten, moderne Telefone und Parksäulen gestellt werden. Bald wächst eine Seniorengeneration heran, die mit Computer und Internet umzugehen weiß. Aber gerade hier ist der Fortschritt rasant und stellt immer neue Anforderungen. Wichtig ist es, hier nicht zu resignieren, sondern am Ball zu bleiben. In den meisten Bereichen liegen die Schwierigkeiten nicht in der Sache selber, sondern in unseren inneren Blockaden.

Vieles, was für die Wende der Lebensmitte gilt, trifft auch für die Wende der Entberuflichung zu. Zur Vorbereitung auf diese Zeit kann daher die Literatur zur *Midlife-Crisis* helfen. Wer seine *Midlife-Crisis* geistlich gut bewältigt hat, hat damit gute Vorarbeit für die Gestaltung des Ruhestandes geleistet. Nun müssen die damaligen Erfahrungen vertieft und weitergeführt werden. Wir können dies jetzt tun, ohne dabei noch weiter im Berufsstress zu stecken!

Zum Nachdenken

Welche Aufgaben und Interessen habe ich, die nichts mit meinem Beruf zu tun haben?

Welche Ämter und Mitgliedschaften sollte ich aufgeben?

Welche Tätigkeiten entsprechen nicht mehr meinem Lebensalter?

Von welchem Besitz könnte ich mich getrost trennen?

Habe ich meinen Nachlass geordnet? Gibt es ein klares, gültiges Testament?

Weiß ich, wer mich gegebenenfalls pflegen wird? Wo will ich beerdigt werden?

In welchen Bereichen werde ich Neues hinzulernen?

Was unternehme ich, um körperlich und geistig fit zu bleiben?

Zum Weiterlesen

Gerald Gatterer und Antonia Croy, *Geistig fit ins Alter 1 und 2. Neue Gedächtnisübungen für ältere Menschen,* Wien 2003/2004.

Kerstin Hack, *Swing. Lebe im Rhythmus der Schöpfung,* Berlin 2004. Eine originelle Einladung, anhand von Gottes Wirken an den einzelnen Schöpfungstagen dem eigenen Leben neu Inhalt und Struktur zu geben.

Werner Tiki Küstenmacher mit Lothar J. Seiwert, *Simplify your life. Einfacher und glücklicher leben,* Frankfurt am Main 2005. Mittlerweile ein Standardbuch, das motiviert, Ordnung in viele Lebensbereiche zu bringen.

Klaus Rösler, *Vorbereitet sterben ... heute schon an morgen denken,* Kassel 2004.

Hans Georg Ruhe, *Methoden der Biografiearbeit. Lebensspuren entdecken und verstehen,* Weinheim 2003.

Reinhold Ruthe, *Loslassen – Wege zur Gelassenheit,* Holzgerlingen 2005. Sehr gute und zugleich knappe Übersicht über die verschiedenen Bereiche des Loslassens.

Kurt Scherer, *Wenn's ums Geld und Erben geht,* Lahr 1999. Die praktischen Erfordernisse aus christlicher Sicht.

David A. Seamands, *Frei werden zum Leben. Versöhnt mit der Vergangenheit,* Marburg 2004. Arbeitet heraus, dass Jesus nicht nur für unsere Sünden starb, sondern auch die uns zugefügten Verletzungen ans Kreuz trug.

Doris Siegenthaler, *Gesund leben. Körper und Seele ins Gleichgewicht bringen,* Asslar 2004. Ein Fitness-Buch, das auch geistliche Aspekte unseres Lebens einbezieht.

Tilman Winkler, *Erzähl mir deine Geschichte. Lebenserinnerungen festhalten,* Gütersloh 1994. Ermutigt, mit dem Aufschreiben unserer Lebensgeschichte zu beginnen, und gibt dafür konkrete Hilfen.

KAPITEL 6

Berufen zur Gemeinschaft

Euch aber lasse der Herr wachsen und immer reicher werden in der Liebe untereinander und zu jedermann.
(1. Thessalonicher 3,12)

Kein Christsein ohne Gemeinschaft

Wer Christ geworden ist, wurde Glied am Leib Christi. Er ist auf Zeit und Ewigkeit mit allen Gläubigen verbunden. Wir sind als Christen aufeinander angewiesen. Wir brauchen uns als Ergänzung. Und wir sollen einander mit unseren unterschiedlichen Gaben dienen. Von Nikolaus Ludwig Graf von Zinzendorf (1700–1760) stammt der Satz: »Ich statuiere kein Christentum ohne Gemeinschaft.«

Weil in unserer Gesellschaft andere Werte gelebt und andere Überzeugungen vertreten werden, wird es für den Einzelnen immer schwerer, als Christ zu leben. Denn das bedeutet, gegen den Strom zu schwimmen. Dafür brauchen wir die Begleitung, Hilfe und Korrektur durch Brüder und Schwestern, die mit uns in der Nachfolge Jesu Christi stehen. In einer verbindlichen Gemeinschaft können wir einander schützen, ermutigen, bestätigen. Nur so ist ständiges geistliches Wachstum möglich.

Gerade Ältere sind in Gefahr, zu vereinsamen. Verwandte und vertraute Altersgenossen sterben, die eigene Beweglichkeit nimmt ab. Da ist es wichtig, in ein Netzwerk von Beziehungen eingebunden zu sein. Viele kennen Geselligkeit. Das aber ist meist ein recht oberflächliches Miteinander, in dem die wesentlichen und tieferen Fragen des Lebens nicht angesprochen werden. Es gehört sogar zumeist zu den unausgesprochenen Regeln, dass man über so etwas nicht spricht. Es kostet Initiative und Überwindung, mit Menschen in echte Gemeinschaft und tiefer gehenden Austausch zu treten.

Schließen Sie sich deshalb mit anderen Christen zusammen! Fangen Sie an, füreinander zu sorgen. Beten Sie gemeinsam für andere, kümmern Sie sich um diese Personen und nehmen Sie sie in Ihre Gemeinschaft mit hinein. Sie werden ganz neue Erfahrungen machen. Und andere können so einen lebendigen Glauben finden.

Christliche Kleingruppen für Ältere

In fast jeder Gemeinde gibt es einen Altenkreis. Es geht um fröhliche Gemeinschaft bei Kaffee und Kuchen, auch mit Lichtbildervorträgen und gemeinsamen Ausflügen. Die Vorbereitung und Durchführung liegt vielfach in den Händen von Gemeindemitarbeitern. Das bindet Kräfte. Schon lange gibt es daher Bestrebungen, dieses »Betreuungsmodell« durch ein Beteiligungsmodell zu ersetzen. Arbeit mit älteren Menschen soll von ihnen selbst in die Wege geleitet und gestaltet werden.

Wenn es in einer Gemeinde eine kontinuierliche Arbeit mit älteren Menschen geben soll, müssen ständig neue Gruppen begonnen werden. Denn die Jungsenioren möchten nicht in den »Altenkreis« gehen: Sie haben ganz andere Bedürfnisse und Interessen. Sie stellen die Fragen nach dem Sinn ihres Lebens. Sie möchten gebraucht werden, sich mit ihren Gaben sinnvoll einbringen.

Die bestehenden Gruppen werden dadurch nicht abgewertet. Sie haben ihre Berechtigung. Sie geben älteren Menschen Gemeinschaft und wirken der Vereinsamung entgegen. Weil die Menschen gerade im Alter sehr verschiedene Interessen und Bedürfnisse haben, brauchen wir viele unterschiedlich ausgerichtete Gruppen.

Hier soll es um Gruppen gehen, die ein geistliches Anliegen haben. Deren Einführung muss schrittweise und behutsam erfolgen. Die meisten haben ja eine solche Gemeinschaft bisher nicht erlebt. Deshalb beginnt man eine Gruppe am besten zunächst mit denen, die sich dafür interessieren. Wenn sie begeistert sind, werden weitere folgen. Ein guter Einstieg ist auch im Anschluss an einen Glaubensgrundkurs wie etwa den Alpha-Kurs möglich, wo die Teilnehmer durch gemeinsame Mahlzeiten und den Austausch in Kleingruppen bereits miteinander vertraut sind.[19]

Seniorenhauskreise

Seniorenhauskreise sind genau so wichtig wie andere Hauskreise. Aber sie arbeiten anders:

- Sie können sich zum Beispiel vormittags oder nachmittags treffen. Ältere Menschen gehen abends ungern aus dem Haus.
- Sie treffen sich vielleicht in Gemeinderäumen, weil manche Ältere beengt wohnen und daher keine Gruppe zu sich einladen können.

- Sie behandeln seniorenspezifische Themen, auch solche, die sonst selten angesprochen werden.

Ziel ist auch hier, den Mitgliedern zu helfen, Belastendes aus ihrer Vergangenheit hinter sich zu lassen, geistlich zu wachsen und eine positive, erwartungsvolle Einstellung zum Alter zu gewinnen.

Wir werden durch das ermutigt, was Gott in unserem Leben tut. In der Kleingruppe erleben wir auch, was Gott bei den anderen tut. Das erweitert unsere Erwartungen, was im Leben von Menschen geschehen kann.

Familienhauskreise

Ein besonderes Geschenk ist es, wenn in einer christlichen Kleingruppe Jung und Alt beisammen sind. In solchen Familienhauskreisen ist es zwar schwerer, allen gerecht zu werden. Aber das Miteinander der Generationen bringt Reichtum und Gewinn. Da in der Gesellschaft und in den Gemeinden die einzelnen Altersgruppen immer weniger Begegnungsmöglichkeiten haben, sind solche Modelle wichtig.

Minigruppen

Wer eine verbindliche geistliche Gemeinschaft sucht, in der die Teilnehmer miteinander ehrlich und offen sind, der kann eine Minigruppe beginnen: Zwei Personen tun sich zusammen und beten für ein weiteres Mitglied. Solche Gruppen haben sich als missionarische Möglichkeit und als Ort geistlichen Wachstums vielfältig bewährt (s. den Hinweis auf das Buch von Neil Cole: *Klein und stark. Minigruppen – Ein Weg zur ganzheitlichen Nachfolge).*

Ein Minigruppen-Treffen besteht aus drei Elementen:

- Sünde wird in einer Atmosphäre gegenseitiger Verbindlichkeit bekannt. Dabei hilft (wie bei John Wesley) eine Reihe von Fragen.[20]
- Bibeltexte werden im Zusammenhang wiederholt und gemeinsam gelesen.
- Man betet konkret und kontinuierlich für Menschen, die Gott noch nicht kennen.

Die Gruppe ist offen für eine weitere Person. Sind vier Personen beieinander, teilt sich die Gruppe.

Evangelistische Dienstgruppen

Seniorenkreise werden zumeist von christlichen Gemeinden angeboten und beschränken sich auf deren Umkreis.

In den letzten Jahren sind darüber hinaus Gruppen entstanden, die übergemeindlich und konfessionsübergreifend wirken. In der Schweiz gibt es seit langem das Werk *Mut zur Gemeinde.* Mitarbeiter dieser Initiative führen gemeinsam Tagungen durch, kleine Teams gestalten Wochenendprogramme in Gemeinden. Die Mitarbeiter berichten dort von ihren Erfahrungen im Alltag und ermutigen so die Gemeindemitglieder zu einem neuen geistlichen Aufbruch. Da viele der bewährten Mitarbeiter jetzt im Ruhestand sind, entstand 1996 die Gruppe *55plus,* die unter der Leitung von Hans Bürgi einen ähnlichen Dienst unter älteren Menschen tut.[21]

In England gründete die Afrika-Missionarin Rhena Taylor die Initiative *Outlook,* die den Anstoß gab für zahlreiche regionale Gruppen. *Outlook* hat inzwischen ein solches Ansehen erworben, dass viele Denominationen mit dem Werk zusammenarbeiten.[22]

Durch *Outlook* werden einzelne Christen ermutigt, ältere Menschen in ihrem Umfeld zu unterstützen. Dafür werden sie geschult und von einer Zentrale durch Anregungen und Materialien unterstützt. Regionale und nationale Treffen dienen der Lehre und dem Erfahrungsaustausch.

Auch Gemeinden werden geschult, um ein Bewusstsein für die Bedürfnisse älterer Menschen zu bekommen und entsprechende Programme für Ältere zu beginnen. *Outlook* bietet Studientage und Trainingskurse für Evangelisation unter Älteren an. Ähnlich wie bei *Mut zur Gemeinde* besuchen Teams Gemeinden und gestalten dort ein- oder mehrtägige Programme. Eine besondere Stärke liegt in der Kreativität, mit der Menschen durch Theaterszenen angesprochen werden.

Ein wichtiges Anliegen von *Outlook* ist es, Verbände und Werke auf die Zielgruppe der Älteren hinzuweisen. Bei größeren kirchlichen Veranstaltungen stellen sich frühzeitig Mitarbeiter von *Outlook* zur Verfügung und helfen dabei, Programme für ältere Menschen zu gestalten.

In Deutschland vertritt das Evangelische Seniorenwerk (ESW) ähnliche Ziele. Sein Anliegen ist es, »den Glauben an Jesus Christus unter Frauen und Männern im Ruhestand zu bezeugen und ihn verantwortlich zu leben«. 2004 wurde ein Christliches Seniorenforum (CSF) gegründet, das Werke, Gemeinden und einzelne Personen mit Informationen versorgt, zum Erfahrungsaustausch einlädt, Seminare durchführt und Mitarbeiter schult.[23]

Zum Nachdenken

Bin ich Teil einer Kleingruppe, in der ich ehrlich sagen kann, was ich denke und fühle?

Wenn nicht: Was werde ich unternehmen, um eine solche Gruppe zu finden oder selber anzufangen?

Zum Weiterlesen

Gilbert Bilezikian, *Gemeinschaft. Gottes Vision für die Gemeinde,* Asslar 2005. Ein theologisch sehr gründliches und wichtiges Buch des Mitgründers und Begleiters der *Willow Creek Community Church.*

Neil Cole, *Klein und stark. Minigruppen – Ein Weg zur ganzheitlichen Nachfolge,* Glashütten 2003. Cole leitet zur Zweier- oder Dreierschaft an und liefert dafür auch eine starke biblische Begründung.

Bill Donahue und Russ Robinson, *Gemeinschaft, die Leben verändert. Praktische Schritte zu einer Kleingruppen-Gemeinde,* Asslar 2003. Die Verantwortlichen für die Kleingruppen der *Willow Creek Community Church* beschreiben die theologischen, soziologischen und organisatorischen Grundlagen christlicher Gemeinschaft. Dann zeigen sie, wie solche Gemeinschaft praktisch aussieht und was sie bewirkt.

Jean Vanier, *In Gemeinschaft leben. Meine Erfahrungen,* Witten 1999. Ein Klassiker zum Thema vom Gründer der Arche-Gemeinschaften!

KAPITEL 7

Berufen, Frucht zu bringen

Ich habe euch erwählt und bestimmt, dass ihr hingeht und Frucht bringt und eure Frucht bleibt, damit, wenn ihr den Vater bittet in meinem Namen, er's euch gebe.
(Johannes 15,16)

Wer Jesus Christus sein Leben anvertraut hat, hat einen Herrschaftswechsel vollzogen. Bisher haben wir unser Leben nach eigenen Plänen gestaltet. Jetzt ist Jesus Christus der Herr. Nun stehen wir ihm ganz zur Verfügung. Der dreieinige Gott möchte, dass unser Leben bleibende Frucht bringt.

Die meisten Menschen werden nach ihrer Bekehrung weiter in ihren bisherigen Aufgaben tätig sein. Sie werden diese aber mit einer anderen inneren Haltung ausüben. Andere beruft Gott in eine neue Aufgabe. Wenn sie darin treu sind, wachsen sie schrittweise in eine größere Verantwortung hinein.

In der Bibel kommt das Wort »Leistung« nicht vor; sie spricht immer von »Fruchtbarkeit«. Das ist sehr entlastend. Frucht bringen können wir nicht aus uns selbst. Wenn wir uns Gott zur Verfügung stellen, wächst Frucht. Das geschieht, wenn wir in enger Verbindung mit Christus bleiben und auf die Leitung durch sein Wort achten. Wenn wir hören, was als nächstes dran ist.

Das Geschenk frei verfügbarer Zeit

Nach der Beendigung unserer Berufstätigkeit kommt eine Phase, in der wir frei über unsere Zeit verfügen können. Wer heute in den Ruhestand geht, kann im Allgemeinen mit mehr als zwanzig weiteren Lebensjahren in guter Gesundheit und bei ausreichender finanzieller Versorgung rechnen. Kostbare Jahre – wie werden wir sie füllen? Das Wort vom wohlverdienten Ruhestand ist eine gefährliche Rede. Es verleitet zur Passivität, zum Nichtstun. Damit aber kommen bald Langeweile und Unzufriedenheit auf.

Die englische Sprache kann manche Sachverhalte kurz und treffend ausdrücken:

> **!**
>
> **Im Ruhestand gibt es drei Versuchungen:**
> *to whine* (jammern)
> *to recline* (sich zurücklehnen)
> *to decline* (nachlassen)
>
> **Gottes Auftrag ist es stattdessen,**
> *to shine* (auszustrahlen)

Es kostet Überwindung der eigenen Trägheit und eine klare Entscheidung, neu aufzubrechen. Hans Bürgi drückt es so aus: »Je mehr ich mich in meinen eigenen Problemen von Gott getragen und geborgen weiß, je besser ich bei allem schwächer werden gelernt habe, aus den göttlichen

Quellen zu leben, und je williger ich meinem himmlischen Vater zur Verfügung stehe, um so spontaner, ungehinderter und hilfsbereiter kann ich ein Segensträger für andere werden.«[24]

Unterschiedliche Lebensabschnitte

Früher hat man das Alter nach Lebensjahren in verschiedene Abschnitte eingeteilt. Die Gesundheit, Vitalität und Lebenswirklichkeit älterer Menschen ist aber sehr unterschiedlich, unabhängig vom Alter. Es ist daher sinnvoller, die Zeit im Ruhestand in drei Phasen einzuteilen:[25]

- *Die vitale Phase*
- *Die eingeschränkt vitale Phase*
- *Die unterstützungsbedürftige und abhängige Phase*

Im Englischen kann man diese Phasen so auf den Punkt bringen: *GoGo – SlowGo – NoGo*. Die Altersspanne ist in jeder Phase groß und es gibt starke Überlappungen zwischen den Phasen. Jeder dieser Lebensabschnitte gibt uns unterschiedliche Herausforderungen, aber auch unterschiedliche Wirkungsmöglichkeiten. Den vitalen Älteren (auch als Jungsenioren bezeichnet) stehen viele Tätigkeitsfelder offen. Den eingeschränkt vitalen Senioren sind körperlich und geistig Grenzen gesetzt. Sie haben dafür andere Möglichkeiten und Aufgaben. In der abhängigen Phase sind die Menschen vermehrt auf Hilfe angewiesen und in ihrer Beweglichkeit oft stark eingeschränkt. Man spricht hier auch vom vierten Lebensalter, von den Hochbetagten. Sie bilden die am schnellsten wachsende Bevölkerungsgruppe.[26]

Die Lebensphasen unterscheiden sich aber auch in der Kompetenz. Zu Beginn des Ruhestandes ergeben sich andere Möglichkeiten als in späteren Jahren:

- *Direkt nach der Pensionierung* haben wir noch volle fachliche Kompetenz. Wir sind Profis. Dann können wir mit unserer beruflichen Erfahrung professionelle Dienste in Gemeinde, Diakonie, Mission, Entwicklungshilfe und vielen anderen Bereichen unserer Gesellschaft tun.
- *Später,* wenn wir unsere fachliche Kompetenz verloren haben, sind uns dafür vielfältige Dienste auf Grund menschlicher und geistlicher Reife, Weisheit und Lebenserfahrung möglich. Also Lehre, Seelsorge, geistliche Elternschaft ...

Wichtig ist auch an dieser Stelle, dass diese Unterschiede nicht gewertet werden. Die Möglichkeiten und Dienste sind gleich wertvoll, ob mit oder ohne fachliche Kompetenz. Alle Altersstufen haben ihre Bedeutung, werden gebraucht.

Dem Leben Struktur geben

Bisher wurden uns Aufgaben und Zeiteinteilung weitgehend durch Beruf und Familie vorgegeben. Jetzt können wir unsere Zeit freier gestalten. Das erfordert Verantwortung. Manchen Menschen fällt es dann schwer, ihrem Leben Struktur zu geben. So geht wertvolle Lebenszeit verloren. Es kommt sehr auf unsere innere Einstellung und unsere Motivation an. Wir selber sind für den Inhalt und Ablauf unseres Lebens verantwortlich.

Wir können dafür hilfreiche Routinen finden. Sie erleichtern uns das Leben:

- Die Stille vor Gott mit Bibellese und Gebet.
- Regelmäßige Besuche bei einsamen Menschen.
- Teilnahme an einer christlichen Kleingruppe.
- Ein Gebetskreis.
- An bestimmten Tagen Treffen mit Verwandten oder Freunden.

So erhält die Woche eine feste Ordnung.

Weil wir ja offensichtlich mehr Zeit haben, werden viele Aufgaben an uns herangetragen. Wenn wir sie unbedacht übernehmen, kommt bald wieder Unruhe in unser Leben. Deshalb sollten wir jedes Mal vor Gott prüfen, ob wir eine Aufgabe übernehmen. Wir müssen lernen, klar Nein zu sagen und den Mut zu haben, das auch vor anderen Menschen zu vertreten.

Neue Programme für Ältere in Gemeinden

In den meisten Kirchen und Gemeinden gibt es eine Altenarbeit mit einer oder mehreren Gruppen. In vielen Fällen sind sie auf Betreuung, Unterhaltung und Bildung ausgerichtet. Das Programm besteht aus Kaffeefahrten, Lichtbildervorträgen oder bunten Nachmittagen. Das fördert allerdings ein passives Verhalten. Zudem besteht in vielen dieser Gruppen auch eine Scheu, wesentliche Glaubensfragen anzusprechen und zu geistlichem Wachstum anzuleiten.

Es wird also betreut, aber nicht zur Mitarbeit herausgefordert, die den Gaben der Menschen entspricht und deren

Gebrauch fördert. Oskar Schnetter meinte einmal treffend: »Im deutschen Protestantismus strotzt es vor brachliegenden Kräften.«[27] Aktive Jungsenioren fühlen sich unterfordert und wenden sich weltlichen Gruppen zu, in denen ihre Dienste gefragt sind. Damit geht den Gemeinden ein großes Potenzial von Menschen mit Gaben, Erfahrung und Zeit verloren.

Das Ehrenamt

Wenn unser Lebensunterhalt durch Rente oder Pension gesichert ist, können wir unentgeltliche Tätigkeiten übernehmen. Sie sind ein Segen auch für das Sozialwesen. Ohne ehrenamtliche Helfer würde vieles in unserer Gesellschaft und in unseren Gemeinden nicht mehr funktionieren.

Christen sollten bewusst nicht nur in ihren Gemeinden, sondern in vielen Bereichen der Gesellschaft aktiv sein. Paulus schreibt:

> *Darum, solange wir noch Zeit haben, lasst uns Gutes tun an jedermann, allermeist aber an des Glaubens Genossen.* (Galater 6,10)

Der Dienst an Mitchristen hat Priorität, aber auch die anderen Menschen sollen im Blick sein. Wo immer Menschen wirklich Hilfe brauchen, sollten wir dafür bereit sein. Früher waren die Kontakte und die gegenseitige Fürsorge in Nachbarschaften lebensnotwendig. Die Individualisierung in unserer Gesellschaft hat bewirkt, dass jeder für sich selbst sorgt und mit sich selbst allein bleibt. Oft kennt man seine nächsten Nachbarn nicht. Im Ruhestand hätten wir die Zeit, Beziehungen aufzubauen.

Aber nur wenige Menschen sind im Ruhestand ehrenamtlich tätig. In Deutschland sind es nur 19 Prozent der über 40- bis 85-Jährigen. Im Vergleich zu anderen Ländern ist das wenig. In den USA sind es über 30 Prozent, davon werden 2/3 aller ehrenamtlichen Tätigkeiten von religiösen Gruppen geleistet. Noch klafft also bei uns eine große Lücke zwischen dem tatsächlichen und dem möglichen Engagement.

Es sähe in unserer Gesellschaft in vielen Bereichen anders aus, wenn mehr Menschen mit ihren Gaben selbstlos dienen würden.

> *Dient einander, ein jeder mit der Gabe, die er empfangen hat.* (1. Petrus 4,10).

Christen ist das Liebesgebot gegeben:

> *Du sollst deinen Nächsten lieben wie dich selbst.*
> (3. Mose 19,18)

Diese Fürsorge für andere ist ein unerlässliches Element christlichen Lebens. Weil die ersten Christen in vorbildlicher Weise für Schwache und Kranke sorgten, waren sie in ihrer Umwelt angesehen und mit ihren Gemeinschaften attraktiv.

Schon 1972 hat Paul Tournier Grundlegendes über den »Altersberuf« geschrieben: »Durch die Pensionierung wird es uns ermöglicht, eine neue Aufgabe zu übernehmen, nicht mehr einen dem Zwang unterstellten Beruf, sondern einen freiwilligen Altersberuf. Der Begriff des Altersberufes ist ganz verschieden von dem der Freizeitbeschäftigung … Ein solcher Altersberuf geht von einer anderen, mehr sozialen

Motivation aus. Er hat ein Ziel im Auge, eine Aufgabe, und das setzt eine Organisation, Treue, sogar Priorität gegenüber den mehr egoistischen Vergnügen voraus, aber nicht aus Pflicht, sondern aus Liebe zu den Menschen. Es ist keine Flucht aus der Welt, sondern ein Gegenwärtigsein in der Welt.«[28]

Tournier stellt somit drei Lebenseinstellungen im Alter einander gegenüber:

- *Interesselosigkeit,* die von Gleichgültigkeit und Egoismus motiviert ist und Rückzug aus der Welt bedeutet;
- *Freizeitbeschäftigung,* die unbefangenes Vergnügen sucht und zufälligen, phantasiereichen handwerklichen Charakter haben kann.
- Schließlich der *Altersberuf,* der aus Liebe zu den Menschen erfolgt, in die Welt hineinführt und dort ein Ziel und eine Aufgabe hat.

Der Theologe Karl Rahner (1904–1984) schreibt: »Es gehört zu den Grundsätzen christlicher Auffassung von menschlicher Existenz, dass niemand mehr tun muss, als ihm Möglichkeiten und Kräfte gegeben sind, dass aber bis zuletzt jeder das tun sollte, was er vermag, statt die Erhaltung seiner Existenz unbedacht oder gar willentlich anderen aufzubürden.«[29] Passivität und Unterforderung schaden. Auch ältere Menschen können noch Beachtliches leisten, wenn man es von ihnen erwartet. Das kommt ihnen selber zugute. Alexander Foitzik fordert die Gemeinden heraus: »Alte oder alternde Menschen erhalten sich in dem Maße ihre Kompetenz und ihre Leistungsfähigkeit, wie diese ihnen von ihrer Umwelt zugetraut, von ihnen erwartet werden.«[30]

Wenn ältere Menschen für freiwillige Dienste gewonnen werden sollen, müssen einige Grundsätze beachtet werden:

- Klare Aufgabenbeschreibung,
- zeitlich begrenzte Verpflichtung
- Aufwandsentschädigung, ggf. Versicherung,
- Ermutigung und Anerkennung.

Allgemeine Aufgaben

Es gibt fast unbegrenzte Möglichkeiten. Wenn wir uns in unserer Nachbarschaft, in unserem Ort, in unserer Gemeinde umschauen, entdecken wir vieles, was zu tun wäre. Da es aber so vielfältige Gelegenheiten gibt, müssen wir sorgfältig prüfen und abwägen, wo wir uns engagieren. Die Aufgaben sollten sinnvoll sein und unseren Gaben entsprechen.

Handwerker und Menschen mit handwerklichem Geschick können für ältere oder bedürftige Menschen Reparaturen ausführen, angefangen beim tropfenden Wasserhahn, dem Ersetzen einer Glühbirne und der Reparatur einer defekten Sessellehne. Es gibt schon an vielen Orten Handwerkertrupps, in denen Senioren zusammenarbeiten, um soziale Projekte durchzuführen. Sie streichen Freizeitheime, renovieren Kinderheime und Gemeindehäuser. Manche haben sich auf die Restaurierung von altem Hausrat und Gebrauchsgegenständen spezialisiert. Viele solche Gegenstände erweitern dadurch den Bestand eines Heimatmuseums. So sammelt ein pensionierter Lehrer Schulmöbel und Unterrichtsmaterialien. In vielen Städten gibt es bereits Seniorengenossenschaften, die Nachfragen und Angebote zusammenbringen und dadurch vielfältige Dienste organisieren.

Einige ältere allein stehende Frauen haben sich auf das Haushüten für Urlauber spezialisiert: Sie gießen die Blumen, führen den Hund aus und füttern die Katze. Zugleich lernen sie jeweils eine neue Umgebung kennen.

Flexible Jungsenioren können zu Expertendiensten auf alle Kontinente ausreisen. Der *Senior Experten Service* in Bonn hat seit 1983 mehr als 13 000 Personen in über 180 Länder vermittelt. Die Organisation *Christliche Fachkräfte International* vermittelt Christen für Dienste im Ausland. Das Missionswerk *Hilfe für Brüder* sendet Freiwillige aus, die Gemeinden im Ausland unterstützen. Das *Evangelische Seniorenwerk* (ESW) verhilft Ruheständlern mit seinem Projekt »AusZeit für andere« zu diakonisch-missionarischen Kurzzeiteinsätzen im europäischen Ausland. Das ESW-Projekt »Brotzeit« bildet lokale Teams, die eng mit *Brot für die Welt* zusammenarbeiten. Die Mitglieder informieren sich, beten und bereiten lokale Aktionen und Projekte vor.[31]

Solche Einsätze erweitern unseren Horizont. Ein befreundetes Ehepaar ließ sich auf ein ungewöhnliches Projekt ein: Der Mann ist Verfahrenstechniker und wurde betriebsbedingt frühzeitig arbeitslos. So übernahm er einen mehrmonatigen Einsatz in der Mongolei. Ein Hilfswerk hatte von der Schweizer Armee ausrangierte Backmobile übernommen. Das sind fahrbare Einheiten, die alle erforderlichen Einrichtungen zum Backen enthalten. Sie wurden mit der Transsibirischen Eisenbahn in die Mongolei gebracht. Dort unterwies unser Freund Mongolen im

Backen von Brot. Seine Frau kümmerte sich in dieser Zeit um Straßenkinder.

In einem großen christlichen Werk auf Hawaii sind Senioren eingeladen, ein halbes Jahr bei freier Unterkunft und Verpflegung mitzuleben. Dabei tun sie vielfältige Dienste entsprechend ihren Fähigkeiten. Das reicht vom Lastwagenfahren über Häuserbau bis zu Arbeiten im Bibliotheksbereich oder im Versand. Dabei sind sie in das Leben einer Kleingruppe eingebunden und können an verschiedenen Schulungen teilnehmen.[32]

Missionswerke, Seelsorgezentren oder Hilfswerke könnten sich besser auf ihre eigentlichen Aufgaben konzentrieren, wenn Ruheständler Buchhaltung, Telefondienste und Bürotätigkeiten in den Zentralen übernähmen.

Aufgaben in christlichen Gemeinden

Ältere Menschen können in allen Bereichen des Gemeindelebens wesentliche Beiträge leisten, wenn man ihnen die Möglichkeit gibt und sie dazu anleitet und ermutigt. Die Gemeinden rufen ihr Erfahrungswissen größtenteils nicht ab. Man muss die Älteren ansprechen. Viele melden sich nicht von selbst, sondern wagen erst dann, eine Aufgabe zu übernehmen, wenn ihnen die Gemeindeleitung das ausdrücklich zutraut.

Leider hat sich eine Reihe von Standard-Aufgaben herausgebildet, die prompt angeboten werden, wenn Gemeindeglieder nach Arbeit fragen: Austragen des Gemeindebriefes, Vorbereiten und Durchführen des Kirchencafés ... Dabei plagen sich Pfarrer und andere kirchliche Mitarbeiter mit vielen Aufgaben ab, für die sie weder eine Ausbildung noch die Begabung haben. Manche ihrer geistlichen Aufgaben bleiben dabei auf der Strecke.

Unser Pfarrer erzählte einmal, dass er jährlich 360 Besuche anlässlich von runden Geburtstagen macht. Das bedeutet einen Besuch pro Tag und nimmt viel Zeit in Anspruch, die anderswo fehlt. Bei Geburtstagsfeiern ist außerdem kaum Gelegenheit, tiefer gehende Gespräche zu führen. Die Erwartung, dass der Pfarrer kommt, ist allerdings groß. Wenn stattdessen Ehrenamtliche den Besuchsdienst übernehmen, löst das zunächst meist Enttäuschung aus. Nach einiger Zeit merken die Besuchten jedoch, dass sie dadurch bessere und häufigere Zuwendung erfahren. Ihre Bedürfnisse werden bekannt und können berücksichtigt werden.

Gemeinden können von den fachlichen Kompetenzen der Menschen profitieren, die aus dem Beruf ausscheiden. Sie könnten in Finanzfragen, Bauangelegenheiten, Korrespondenz, Gestaltung des Gemeindebriefes und vielen anderen Bereichen wertvolle Arbeit leisten, ebenso bei Renovierungsarbeiten in Kirche und Gemeinderäumen oder bei der Pflege der Außenanlagen.

Damit würden sie helfen, das dilettantische Bild zu überwinden, das manche gemeindlichen Bereiche heute bieten. Oft gibt es in der Gemeinde Leute, die sich durch ihre berufliche Vergangenheit zum Beispiel mit Grafik-Design, Layout und Drucktechniken auskennen. Ein in diesem Bereich nicht ausgebildeter Pfarrer sollte ihnen die Gestaltung des Gemeindebriefes und anderer Druckvorlagen übergeben.

Als wir eine Zeit lang in Kalifornien lebten, gehörten wir einer großen, sehr lebendigen Gemeinde an. Eines

Tages kam ich in das Gemeindebüro. Dort sah ich etwa 20 Senioren emsig beim Schreiben, Drucken und Versenden des Gemeindebriefes und anderer Dokumente. Sie bewältigten zudem den Publikumsverkehr, die Mitgliederdatei und die Korrespondenz. Diese Freiwilligen koordinierten die zahlreichen Gemeindeprogramme. Das alles war nicht Sache der Pastoren, sondern Aufgabe mündiger, selbständig arbeitender Gemeindeglieder.

Sozialdiakonische Dienste haben in letzter Zeit mehr Aufmerksamkeit bekommen und Helfer angezogen. In vielen Orten wird Essen auf Rädern durch freiwillige Helfer ausgeteilt. Immer mehr Kommunen organisieren »Tafeln«, die überschüssige Lebensmittel aus dem Handel sammeln und günstig an Bedürftige abgeben. Der Bedarf dafür wächst. Auch diese Aufgaben sind auf freiwillige Helfer angewiesen. Zunehmend werden in der Adventszeit in größeren Städten Speisungen organisiert, zu denen Bürger und Obdachlose eingeladen werden. Das führt zu interessanten Begegnungen. Oft gibt es dabei auch medizinische Versorgung, Friseurdienste usw.

An einigen Orten wird für ältere Menschen ein regelmäßiger Mittagstisch angeboten, was für sie eine Hilfe und eine willkommene Abwechslung darstellt. Umgekehrt sorgen Senioren dafür, dass Fahrschüler mit Nachmittagsunterricht ein Mittagessen bekommen.

Kirchen könnten unter der Woche länger geöffnet bleiben, wenn sich Personen fänden, die anwesend sind und die Aufsicht führen. In der württembergischen evangelischen Landeskirche könnten sie sich sogar zu Kirchenführern ausbilden lassen.[33] Bei Bedarf können diese Führer Besuchern als Gesprächspartner zur Verfügung stehen:

Touristen sind vielfach offen für solche Gespräche. Im Ulmer Münster trafen wir kürzlich ein älteres Ehepaar, das diesen Dienst freudig und mit beeindruckender Gewissenhaftigkeit ausübte. Die beiden berichteten, dass sie selber viel von der Beschäftigung mit Geschichte und Kunst dieses Gotteshauses profitieren.

Als Christen in der Öffentlichkeit präsent sein

Gemeinden können immer Helfer gebrauchen. Es ist ebenso wichtig, dass Christen auch in anderen Bereichen unserer Gesellschaft präsent sind. Wenn sich diese Möglichkeit bietet und sie unseren Gaben entspricht, sollten wir sie annehmen. Es ist gut, wenn wir dabei den Rückhalt unserer Gemeinden und unserer Mitchristen haben.

Vor Jahren hat mich folgendes Beispiel sehr beeindruckt: In einem kleinen Ort wurde ein Mann gebeten, für das Amt des Bürgermeisters zu kandidieren. Er war aber gerade dabei, sein Haus zu bauen und dadurch natürlich stark gefordert. Seine Freunde im Hauskreis ermutigten ihn, sich trotzdem zu bewerben. Sie verpflichteten sich zugleich, gemeinsam den Hausbau zum Abschluss zu bringen und sich selbst handwerklich einzusetzen. Das taten sie, und schließlich haben sie auch noch den Umzug organisiert.

Priestertum aller Gläubigen

Als Christen erhalten wir eine neue Identität und eine hohe Berufung. Petrus schreibt:

Ihr aber seid das auserwählte Geschlecht, die königliche Priesterschaft, das heilige Volk, das Volk des Eigentums, dass ihr verkündigen sollt die Wohltaten dessen, der euch berufen hat von der Finsternis zu seinem wunderbaren Licht. (1. Petrus 2,9)

Wir müssen diese Wahrheit zunächst einmal annehmen. Sie gibt uns Würde und Vollmacht. Wir haben von Gott den Auftrag, zu segnen und im Gebet für Menschen und Situationen einzutreten. Außerdem haben wir einen Verkündigungsauftrag. Die meisten Christen sehen sich jedoch durch diesen Anspruch überfordert. Um so mehr sollten reife ältere Menschen diese Identität als königliche Priester annehmen und leben. Dann können sie auch Jüngere in diese Berufung hineinführen. Sie soll keine Ausnahme bleiben, sondern für Christen normal sein.

Nicht aus eigener Kraft

Wenn uns Gott beruft, dann legt er uns einen bestimmten Aufgabenbereich immer wieder aufs Herz. Dann werden auch andere das bestätigen. Die Gefahr dabei ist, dass wir aus eigener Kraft losgehen und anfangen. Oft brauchen wir aber eine Zeit der Vorbereitung.

Als wir die Notwendigkeit einer geistlich herausfordernden Seniorenarbeit erkannt hatten, begannen wir mit einer Tagung für Leute aus Hauskreisen. Sie war gut besucht und erreichte vor allem Multiplikatoren. Einige nahmen wichtige Impulse mit und konnten sie in ihrem Einflussbereich umsetzen. Weitere Tagungen fanden aber seltsamerweise kaum Interessenten.

Eine starke Ermutigung war es dann, als wir aufgefordert wurden, gemeinsam mit einem Team bei einem großen Kongress einen Workshop zu gestalten. Mit etwa

400 Besuchern war er einer der größten. Das Thema war also wichtig und aktuell!

Uns wurde dann klar, dass wir keine eigenen Tagungen planen und anbieten, sondern dort mitarbeiten sollten, wo man uns einlädt. Zugleich fingen wir an, Werke und Initiativen zu vernetzen, die schon eine evangelistisch ausgerichtete Seniorenarbeit haben oder planen. Auch da fanden wir zu Anfang wenig Resonanz. Unsere Rundbriefe wurden aber aufmerksam gelesen und Anregungen daraus aufgegriffen. Inzwischen hat dieses Netzwerk Gestalt gewonnen.[34]

Ich habe daraus gelernt, keine eigenen Wege zu gehen, sondern geduldig zu warten, bis Gott Türen auftut. Dann geschieht wesentlich mehr, als wir aus eigener Kraft hätten tun können, und Gott allein erhält die Ehre!

Seelsorgedienste

Es gibt Nöte in unserer Gesellschaft, auch in unserer Nachbarschaft und in unseren Gemeinden. Die Menschen versuchen sie so lange wie möglich vor anderen zu verbergen. Wenn wir aber in echte Beziehungen untereinander kommen, wird die Wirklichkeit rasch sichtbar. Das ist der Segen von Hauskreisen: Man wird miteinander vertraut. Man weiß, dass die anderen es gut mit einem meinen. Manche erleben hier zum ersten Mal Liebe und bedingungslose Annahme – ohne etwas dafür leisten zu müssen. Dann besteht auch die Bereitschaft, Nöte zu offenbaren und Korrektur anzunehmen: Hauskreise als seelsorgerliche Gemeinschaften, als Gruppen, in denen der Heilungs- und Zurüstungsprozess stattfinden kann, den Jesus für uns alle vorgesehen hat.

Nicht alle Themen gehören in den Hauskreis. Manches muss gründlicher behandelt werden, als das bei den Treffen möglich wäre. Dafür müssen Einzelgespräche vereinbart werden. Gerade ältere Menschen haben die Zeit und die Reife, um zuhören zu können. Sie dürfen nicht schockiert sein über das, was ihnen dann manchmal offenbart wird. Unter der Oberfläche unserer Gesellschaft gibt es sexuellen Missbrauch, Ehebruch, Pornographie, Süchte, Okkultismus und andere Gebundenheiten. Wenn Menschen diese Sünden bekennen und ernsthaft bereuen, haben wir die Vollmacht, ihnen im Namen Jesu Vergebung zuzusprechen und sie in der Autorität Jesu von Bindungen zu lösen. Wir können mit ihnen beten. So erleben sie, wie real Gott ist. Jesus vergibt nicht nur, sondern stellt auch wieder her.

Wer in dieser Weise in einen Seelsorgedienst hineinwächst, kommt rasch an seine Grenzen. Er wird dann Gebrauch machen von den guten christlichen Schulungsangeboten, die es mittlerweile gibt. Auch die Möglichkeit regelmäßiger Supervision ist dabei hilfreich.[35]

Es gibt in unserer Gesellschaft und auch in den Gemeinden zu wenige Möglichkeiten, mit seinen Nöten zu Menschen zu kommen, die über Zeit zum Zuhören und seelsorgerliche Kompetenz verfügen. Das wäre also eine wichtige Aufgabe für ältere Menschen. Die dafür notwendige Schulung bringt den Beteiligten selber Gewinn und Einblick in seelsorgerliche Zusammenhänge. In diesen Bereich gehören auch Briefseelsorge und Telefonseelsorge. Das sind Dienste, die auch von Personen getan werden können, die ans Haus gebunden sind. Segensreich sind regelmäßige Besuche im Alten- und Pflegeheim und im Krankenhaus. Auch für die Begleitung Sterbender im Rahmen von Hospizen u. a. kann man sich ausbilden lassen.

Sage nicht: »Ich bin zu alt!«

Die Evangelistin Corrie ten Boom (1892–1983) hatte bis ins hohe Alter eine beachtliche Schaffenskraft. Sie empfand eine große Dringlichkeit, ihre Botschaft weiterzugeben. Im Alter von 84 Jahren, als sie schon körperlich schwach war, ging sie auf eine siebenmonatige Vortragsreise in viele Staaten Nordamerikas. Ein Jahr später verlegte sie ihren Wohnsitz von Holland nach Kalifornien. Sie war überzeugt, dass sie durch Kontakte zur Filmindustrie dort noch mehr Menschen mit dem Evangelium erreichen könnte. Dafür blieben ihr noch anderthalb Lebensjahre. Damals entstanden zahlreiche Filme, die große Verbreitung fanden. Dann erlitt Corrie ten Boom mehrere Schlaganfälle, durch die sie ihr Sprechvermögen verlor. Sie starb an ihrem 91. Geburtstag, am 15. April 1983.[36]

Der Dienst der Fürbitte

Beten können wir in allen Situationen und Abschnitten unseres Lebens. Wenn Menschen ihr Haus nicht mehr verlassen können und sogar bettlägerig sind – als Beter kann Gott sie gebrauchen. So können sie viel Segen wirken. Gemeinden können einen Gebetsdienst einrichten: Die Beteiligten bekommen wöchentlich eine Liste der Gebetsanliegen von Gemeindegliedern. Diese Freiwilligen sind bereit, täglich für jedes dieser Anliegen zu beten.

In unserem Haus trifft sich seit über zehn Jahren jeden Mittwoch um 6.00 Uhr eine Gruppe von jungen und alten

Leuten zum Gebet. Der Schlüssel steckt in der Haustür. Wir haben eine Zeit der Ausrichtung auf Gott im gemeinsamen Lobpreis, den meine Frau am Klavier oder jemand mit der Gitarre begleitet. Dann sammeln wir persönliche, lokale und allgemeine Gebetsanliegen. Wir beten für die Gemeinden am Ort, die Schüler und Lehrer, die Ehen und Familien und für die Regierenden. Oft gibt es auch besondere christliche Veranstaltungen oder Notsituationen auf anderen Kontinenten. Nach einer Stunde frühstücken wir gemeinsam. Dann gehen die Berufstätigen zum Dienst.

In einer Tagungsstätte in unserer Nähe wird seit mehreren Jahren halbjährlich die Tagung: »Senioren beten für Kirche und Welt« angeboten. Diese Gebetswoche findet Anklang. Anlass zur Fürbitte gibt es genug! Jeder Tag beginnt mit einer biblischen Besinnung. Dann wird in Gruppen von sechs bis zehn Personen gebetet. Jede Gruppe ist zweimal täglich 45 Minuten mit unterschiedlichen Themenschwerpunkten an der Reihe. Für jede Gebetseinheit stehen formulierte Gebete und Gebetshilfen zur Verfügung. Es kommen Personen, die frei beten, solche, die vorformulierte Gebete bevorzugen, und solche, die noch nie gebetet haben. Alle profitieren von diesem Angebot. Gerade ältere Männer und Frauen fühlen sich dadurch zu einem Dienst gerufen, der ihren Kräften entspricht.[37]

Unser Leben hat für Gott Bedeutung bis zuletzt

Hat unser Tun Ewigkeitsbedeutung? In unseren Gaben und Lebensumständen hat uns Gott etwas anvertraut. Es sind Pfunde, mit denen wir wuchern sollen.

Viele fragen sich im Alter: Was kann ich mit meinen schwachen Kräften noch bewirken? Was sind meine

Möglichkeiten im Vergleich zu den Nöten und Problemen in dieser Welt? Dazu fand ich eine bewegende wahre Geschichte:

Sie handelt von einem älteren Bauern in Frankreich. Seine Frau ist gestorben, und dann auch noch sein einziger Sohn. Wofür sollte er jetzt noch leben? Er lässt also seinen Bauernhof in einer fruchtbaren Ebene zurück. Nur 50 Schafe nimmt er mit. Mit ihnen zieht er in eine trostlose Gegend, in die Cevennen, fast eine Wüstenlandschaft. Er hofft, dass er dort vergessen kann.

Weit verstreut liegen in dieser Gegend fünf Dörfer. Viele der Häuser sind bereits verfallen. Die Menschen streiten sich; und so ziehen immer mehr fort. Da erkennt dieser ältere Mann: Diese Landschaft wird ganz absterben, wenn hier keine Bäume wachsen!

Er besorgt sich einen Sack mit Eicheln. Die Kleinen sortiert er aus, auch die mit Rissen wirft er fort. Die guten, kräftigen Eicheln legt er in einen Eimer mit Wasser, damit sie sich richtig voll saugen. Er nimmt einen Eisenstab mit, und dann zieht er los: Hier und dort stößt er den Eisenstab in die Erde und legt eine Eichel hinein. Er besorgt sich einen neuen Sack mit Eicheln und zieht wieder los. Nach drei Jahren hat er auf diese Weise 100 000 Eicheln gesetzt. Er hofft, dass 10 000 davon treiben. Und dass Gott ihm noch ein paar Jahre schenkt, so weitermachen zu können.

Als er 1947 im Alter von 89 Jahren stirbt, hat er einen der schönsten Wälder Frankreichs geschaffen. Dort gibt es nun einen Eichenwald von 11 km Länge und drei km Breite an drei verschiedenen Stellen!

Was sonst noch geschehen ist? Die unzähligen Wurzeln halten jetzt den Regen fest, saugen Wasser an. In den

Bächen fließt wieder Wasser. Es können wieder Weiden, Wiesen, Blumen wachsen. Die Vögel kommen zurück.

Selbst in den Dörfern verändert sich alles: Die Häuser werden wieder aufgebaut und frisch gestrichen. Die Menschen haben wieder Lust am Leben, sie freuen sich und feiern Feste. Keiner weiß, wem sie das zu verdanken haben, wer die Luft, die ganze Atmosphäre verändert hat.[38]

Am Ende unseres Lebens werden wir vor Gott stehen. Er wird uns fragen, was wir mit seinen Gaben gemacht haben. Es wird bei den Gläubigen ein Gericht geben, in dem bewertet wird, was von unseren Werken vor Gott Bestand hat. Dann wird vieles wie Heu, Stroh und Holz verbrennen. Da gab es viele Belanglosigkeiten, die für das Reich Gottes ohne Bedeutung waren. Die Taten einiger Menschen aber werden als Gold und Edelsteine bewertet werden. Sie werden großes Lob von Gott erhalten (1. Korinther 3,11–15). An diesem Tag wird uns ein großer Schmerz erfüllen, dass wir nicht mehr von dem getan haben, was Gott uns aufgetragen hat und was in seinen Augen wertvoll ist. Weil uns die Bibel dies alles sehr deutlich sagt, haben wir die Möglichkeit, schon heute unser Leben danach auszurichten.

Paulus wusste, was sein Auftrag war. Und daran hielt er bis zum Ende seines Lebens fest. Daher konnte er sagen:

> *Ich habe den guten Kampf gekämpft, ich habe den Lauf vollendet, ich habe Glauben gehalten.* (2. Timotheus 4,7)

Der diakonische Leiter Hermann Bezzel (1861–1917) fordert uns heraus: »Auf, wir haben noch eine große Arbeit zu tun, ehe sie uns begraben. Auf, wir haben noch eine große Schuld zu bezahlen, ehe wir heimkommen. Auf, regt die

Hände, fasst an, wartet nicht, denn die Sache des Königs ist eilig.«

Zum Nachdenken

Kann ich mir vorstellen, dass die eigentliche Frucht meines Lebens erst in den kommenden Jahren reift? Dass das, was ich dann tun werde, für Gottes Reich bedeutungsvoller sein wird als alles, was ich bisher getan habe?

Wo verbrauche ich meine Zeit noch mit Belanglosigkeiten und Nebensächlichkeiten?

Welchen Aufgaben möchte ich in den kommenden Jahren Priorität geben? Was muss ich stattdessen unterlassen?

Ist meine Wohnung ein Ort, wohin Menschen kommen, um Rat und Hilfe zu erfahren, ermutigt und erneuert zu werden?

Zum Weiterlesen

Rick Howard und Jamie Lash, *Das war dein Leben! Bereit, Gott von Angesicht zu Angesicht zu begegnen,* Lüdenscheid 1999. Eine sehr ernsthafte Anfrage, ob wir unsere Gaben wirklich zu Gottes Ehre gebrauchen oder unsere Pfunde vergraben haben.

Bill Hybels, *Die Mitarbeiter-Revolution. Begeistert in der Gemeinde mitarbeiten,* Asslar 2005. Bill Hybels schreibt hier über Ehrenamt und Dienst und ermutigt zur Mitarbeit im Sinne des allgemeinen Priestertums.

Ursula und Arnd Kischkel, *Ich habe dich berufen! Wie wir mit Gott unsere Gaben entfalten können,* Lüdenscheid 2004. Ein sehr persönliches Buch, das aus dem Hören auf Gott so geschrieben wurde, als wenn Gott direkt zu uns spräche.

Kurt Rommel, *Ihre Erfahrung ist gefragt, Stuttgart* 1993. Dieser Band enthält eine gute Übersicht über viele praktische Aufgaben, die Ältere in den Gemeinden und der Gesellschaft tun können.

KAPITEL 8

Berufen, das geistliche Erbe zu bewahren und weiterzugeben

Was wir gehört haben und wissen und unsre Väter uns erzählt haben, das wollen wir nicht verschweigen ihren Kindern; wir verkündigen dem kommenden Geschlecht den Ruhm des HERRN und seine Macht und seine Wunder, die er getan hat. Er richtete ein Zeugnis auf in Jakob und gab ein Gesetz in Israel und gebot unsern Vätern, es ihre Kinder zu lehren, damit es die Nachkommen lernten, die Kinder, die noch geboren würden; die sollten aufstehen und es auch ihren Kindern verkündigen, dass sie setzten auf Gott ihre Hoffnung und nicht vergäßen die Taten Gottes, sondern seine Gebote hielten. (Psalm 78,3–7)

In unserer Zeit findet in der Gesellschaft ein großer Traditionsabbruch statt. Vor zwei Generationen konnte man noch christliches Grundwissen voraussetzen; jetzt macht sich Unwissenheit breit. Die letzten beiden Generationen haben es versäumt oder waren größtenteils nicht mehr in der Lage, christlichen Glauben überzeugend zu lehren und vorzuleben. Das aber ist Gottes Auftrag an uns!

Das Miteinander der Generationen

Der technische und gesellschaftliche Wandel erfolgt immer rascher. Die Lebenswelten von Menschen verschiedener Altersstufen werden immer unterschiedlicher. Zugleich schwinden die sozialen Bereiche, in denen sich Jung und Alt begegnen können. Die Familien werden kleiner, Junge und Alte wohnen getrennt. Dadurch haben sie kaum Berührungspunkte und wissen wenig voneinander. Gott aber möchte sein Reich im Miteinander der Generationen bauen. Gott ist immer der Gott der drei Generationen. Er hat sich dem Volk Israel als der Gott Abrahams, Isaaks und Jakobs offenbart. Jede Generation hat bei Gott einen besonderen und unerlässlichen Auftrag.

Unsere Generation trägt Verantwortung dafür, ob die nächste Generation in Gottes Ordnungen lebt oder ein gottloses Leben führt. Das Christentum ist immer eine Generation vom Aussterben entfernt: Gott hat keine Enkel! Jeder von uns ist zum priesterlichen Dienst für seine Familie berufen. Durch unsere Gebete, unseren Lebensstil und durch das, was wir sagen, können wir Glaubensgrundlagen legen.

Es kostet uns einen hohen Preis, wenn im geistlichen Bereich die Zusammenarbeit der Generationen nicht möglich ist. Maleachi 3,23–24 ist Verheißung und Warnung zugleich:

> *Siehe, ich will euch senden den Propheten Elia, ehe der große und schreckliche Tag des HERRN kommt. Der soll das Herz der Väter bekehren zu den Söhnen und das Herz der Söhne zu ihren Vätern, auf dass ich nicht komme und das Erdreich mit dem Bann schlage.*

Das gilt natürlich auch für die Herzen von Müttern und Töchtern. Dabei muss der erste Schritt jeweils von den Älteren ausgehen.

Großeltern sein für eigene und fremde Enkel

Das ist eine wichtige Aufgabe. Der sollten wir Priorität geben. Enkel wachsen so rasch heran und haben später andere Interessen. Aber in der Zeit, in der sie noch gern zu uns kommen, können wir ihnen viel vermitteln und eine Beziehung aufbauen, die auch später bestehen bleibt. Großeltern haben Güte, Nachsicht und ein weites Herz. Deshalb können sie mit manchem großzügiger sein als die Eltern. Wenn wir unser Leben mit den Enkeln teilen, bekommen sie auch etwas davon mit, was uns unser Glaube bedeutet und wie wir ihn leben. Das ist besonders wichtig, wenn die Enkel bei ihren Eltern nichts Christliches erfahren.

Nun haben einige von uns keine Kinder und/oder keine Enkel. Wir ahnen gar nicht, wie andererseits viele der Eltern in unserer Umgebung keine Großeltern für ihre Kinder haben oder sie nicht in der Nähe haben.

Drei alte Damen aus einem Stuttgarter Altersheim gaben daher eine Anzeige auf: »Wenn die Mutti mal nachmittags zum Stadtbummel möchte – wir beaufsichtigen ihre Kinder für einige Stunden.« Die Damen erhielten 130 Zuschriften. Sie suchten sich die Familien heraus, die bis zu drei Kinder hatten und in der Nähe des Altersheimes wohnten. Bald fühlten sie sich in »ihren« Familien so wohl, dass weder die Familien noch die guten Omis wegzudenken waren. Sie wurden nicht nur zum Babysitten geholt, sondern auch mal zu Sonntagsausflügen ins Grüne mitgenommen.

Viele Mütter sind alleinerziehend. Sie wären froh, Babysitter in der Nähe zu haben. Kinder könnten Schularbeitenhilfe bekommen. Daraus kann eine lebenslange Beziehung wachsen. Wichtig ist das auch für ausländische Kinder. Es kann ihnen helfen, die deutsche Sprache besser zu lernen. Mit ihren Eltern können kulturübergreifende Beziehungen entstehen, die für beide Seiten bereichernd sind.

Eines Tages ging ich mit einem Enkel auf den nahen Spielplatz. Außer uns war noch eine Frau mit drei Kindern dort. Ich kam mit ihr ins Gespräch. Sie lebte getrennt, war neu zugezogen und kannte niemand. Wir blieben in Kontakt. Später kam sie in unseren Hauskreis und wurde Christ. Nun begleiten wir sie schon seit mehreren Jahren und erleben dabei die ganze Not und die Kämpfe, die Alleinerziehende durchmachen müssen. Aber sie hat jetzt ein Netzwerk christlicher Freunde, das sie ermutigt und unterstützt.

In unserem Ort werden fast jede Woche Ehen geschieden. Viele der Frauen brauchen dann Unterstützung vom Sozialamt. Noch wichtiger wären aber zuverlässige Freunde und Begleiter. Welche Älteren tun diesen Dienst in ihrer Nachbarschaft?

Eine besondere Last tragen Großeltern, die auf Dauer Enkel erziehen müssen, weil die Eltern gestorben sind oder anderweitig nicht dazu in der Lage sind. Das kann sehr anstrengend sein. Kennen wir solche Großeltern? Wir könnten sie zeitweilig unterstützen und ihnen so Freiräume verschaffen.

Das Gespräch suchen

Kürzlich erzählte uns ein Bekannter folgende Geschichte: Eine Familie sitzt beim Kaffeetrinken zusammen. Auch der Großvater, ein alter Bauer, ist dabei, dämmert aber die meiste Zeit vor sich hin. Da fragt der Enkel ihn: »Opa, wie war das früher, mit Pferden zu pflügen?« Der Großvater ist auf einen Schlag hellwach und erzählt 20 Minuten lang lebhaft vom Pflügen mit Pferden. Der Enkel hört fasziniert zu. Am Schluss sagt er anerkennend nach Teenager-Art: »Wow!« Jetzt fragt der Großvater: »Erzähl du mir mal was von deinem Computer!« 20 Minuten lang redet nun der Junge über Bits und Bytes, Ram, USB-Sticks, flat rates, Spielekonsolen und manches andere. Am Schluss ist der Großvater beeindruckt: »Wow!«

Ich denke, beide haben bei diesem Gespräch etwas Neues voneinander gelernt und auch einige ihrer Vorstellungen von der Person des anderen korrigieren müssen. In unserer Gesellschaft werden Gelegenheiten zum Erzählen immer seltener. Solche Gespräche können die Freude daran wieder wecken.

Jung und Alt in den Gemeinden

Reich Gottes schließt immer die drei Generationen ein. Sie sollen in Einheit wirken und vorangehen. In unseren Gemeinden und Werken sieht es leider oft anders aus. Das ist tragisch, denn Menschen unterschiedlichen Alters könnten stark voneinander profitieren.

Karl Albietz, von 1991 bis 2001 Direktor der Pilgermission St. Chrischona bei Basel, sagte einmal: »Ich denke, dass die Generationenfrage eine der größten Herausforderungen ist, die sich uns stellt. Und ich behaupte sogar, wenn es der Gemeinde Jesu nicht gelingt, die Generationen zusammenzuhalten, dann verlieren wir etwas von unserer Glaubwürdigkeit.«[39]

Den geistlichen Erfahrungsschatz heben

Bei den Gläubigen der älteren Generation verbirgt sich ein Schatz geistlicher Erfahrungen. Die Alten haben Jesus auf sehr unterschiedliche Weise gefunden. In der Seelsorge wurden ihnen Lasten abgenommen. Ihr Glaube hat sich in Höhen und Tiefen bewährt. Sie wurden in eine eigenständige Berufung hineingeführt und sind darin gewachsen. Ihr Verständnis des Wortes Gottes ist tief. Sie haben Erfahrung, Weisheit und Erkenntnis.

Wie können die Jungen daran Anteil bekommen? Wo erleben sie die Älteren in Alltagssituationen als Vorbilder? Es reicht nicht, sie im Gottesdienst von ferne zu sehen. Es braucht echte Begegnungen zwischen den Generationen. Bei gemeinsamer Arbeit an einem wichtigen Projekt ist ein Kennenlernen möglich. Dann können dauerhafte Beziehungen und Freundschaften entstehen. Welche Projekte könnten das sein?

Zwei Beispiele für ein gelungenes Miteinander: In einer Gemeinde wurden Jugendliche zu einzelnen älteren Gemeindemitgliedern geschickt. Sie sollten sie befragen, wie sie zum Glauben gefunden haben und wie sie ihn gelebt haben. Die Jugendlichen kamen begeistert zurück. Sie staunten, dass es schon damals lebendiges Glaubensleben gab!

Bei einem großen christlichen Familiencamp gab es viele Mitarbeiterteams für die verschiedenen Altersgruppen und Bereiche. Jeden Morgen fanden eine gemeinsame

Andacht und eine Arbeitsbesprechung statt. Am Ende suchte sich jeder Jugendmitarbeiter einen älteren Mitarbeiter, um sich mit ihm auszutauschen und für die jeweiligen Bereiche zu beten. Diese beiden kamen während der ganzen Dauer des Camps jeden Morgen wieder zusammen. So entstand eine Vertrauensbeziehung und jeder erfuhr, was bei der anderen Gruppe los war.

Brückengeneration sein

Als Ältere sollten wir eine Brückengeneration sein. Solch eine Brückengeneration hat ein waches Bewusstsein für ihre Verantwortung gegenüber den vorangegangenen und den kommenden Generationen. Leben und Gehorsam der Generationen vor uns beeinflussen unser Leben. Unsere Treue und Hingabe wirken sich wiederum auf die Generationen nach uns aus. Es ist kein Zufall, dass wir in dieser Zeit leben. Uns ist damit auch eine spezifische Verantwortung gegeben.

> **!** *Es kommt mehr auf den Einzelnen an, als wir denken!*

Unsere Gesellschaft leidet an Geschichtsvergessenheit. In den Gemeinden gibt es wenige Kenntnisse der Kirchengeschichte. Die Generationen vor uns haben die zentralen Glaubensfragen zum Teil wesentlich gründlicher durchdacht, als das heute geschieht. Die Lebensgeschichten geistlicher Männer und Frauen der Vergangenheit können uns heute Zusammenhänge verständlich machen und uns herausfordern. Wir müssen gleichermaßen aus der Vergangenheit schöpfen und in die Zukunft investieren.

Zum Nachdenken

Was wissen meine Kinder und Enkel über mein Glaubensleben? Erleben sie mich im Alltag als Christ?

Was weiß ich über Kirchengeschichte? Über die Entstehung und Entwicklung meiner Denomination?

Kenne ich die geistlichen Hintergründe in meinem Heimatort? Gibt es Segenslinien, gibt es Belastungen?

Wie könnte ich diese Kenntnisse weitergeben?

Zum Weiterlesen

Hanna Schott (Hrsg.), *Kleine Herzen, große Liebe. Geschichten von Großeltern und Enkeln,* Neukirchen-Vluyn 2004.

Norm Willis, *Versöhnung und Freisetzung der Generationen. Wie geistliche Schätze von einer Generation zur anderen übertragen werden,* Pattensen 2002. Gründliche Lehre über die biblischen Grundlagen der Generationenbeziehungen.

KAPITEL 9

Berufen zu geistlicher Elternschaft

Und was du von mir gehört hast vor vielen Zeugen, das befiehl treuen Menschen an, die tüchtig sind, auch andere zu lehren. (2. Timotheus 2,2)

Jüngerschaft – eine lebenslange Aufgabe

Jesus hat Jüngerschaft geboten. Viele warten auf geistliche Begleitung. Wo geschieht das in unseren Gemeinden? Der Theologe Prof. Dr. Gerhard Ruhbach (1933–1999) sagte einmal: »Jüngerschaft ist der am meisten vernachlässigte Bereich in unseren Gemeinden.«

Jugendliche sehnen sich nach Orientierung. Durch unser Leben können wir ihnen ein negatives oder positives Vorbild sein. Junge Christen brauchen Begleitung auf ihrem Glaubensweg. Christen in Leitungsverantwortung sind oft einsam und daher dankbar, wenn sie mit erfahrenen Christen über ihren Dienst und ihre Pläne sprechen können. Aber auch ältere Menschen brauchen Gesprächspartner, mit denen sie ehrlich über ihr geistliches Leben reden können.

Wie kann das alles praktisch aussehen? Jeder Christ sollte ein Jünger sein, aber dann auch Jünger haben. In verschiedenen Lebensabschnitten und -situationen kann das unterschiedliche Formen haben. Junge Menschen aus zerbrochenen Familien sehnen sich nach väterlicher oder mütterlicher Liebe. Die Älteren sind berufen, ihnen geistliche Väter oder Mütter zu sein, sie zu ermutigen, ihnen Rat und Korrektur zu geben, für sie und mit ihnen zu beten. Hierher gehört auch die Aufgabe des Mentoring, die beratende Begleitung beim Hineinwachsen in einen neuen Aufgabenbereich. Für viele von uns tun sich hier neue Möglichkeiten der Mitarbeit auf.

Jüngerschaft umfasst Lehre und das Einüben der Nachfolge. Beim Mentoring geht es um das Fördern bestimmter Fähigkeiten, bei geistlicher Elternschaft um das Leben liebevoller Beziehungen. In allen diesen Bereichen geht es nicht nur um das Vermitteln von Kenntnissen und Fähigkeiten, sondern um ein Interesse an der Entwicklung der ganzen Person.

Leighton Ford, nordamerikanischer Evangelist und der Vater der Lausanner Bewegung für Weltevangelisation, gründete einen neuen Dienst, um sich bewusst der Förderung künftiger Führungskräfte zu widmen. Er ermutigt Jüngere, ältere Leiter in ihre Gruppen einzuladen, um von ihrer Lebensführung und Glaubenserfahrung zu lernen. So empfiehlt er jüngeren Führungskräften, sich einen geistlichen Begleiter, einen Mentor zu suchen und sich regelmäßig mit ihm zu treffen.

Geistliche Eltern werden

Voraussetzung ist ein lebhaftes Interesse an der jungen Generation, an dem, was sie bewegt und was sie tut. Wir können sie ermutigen und uns anerkennend über ihre Arbeit äußern. Wenn sie unsere ehrliche Anteilnahme spüren, werden sie uns ganz natürlich um Rat und Unterstützung fragen.

Manche von uns sagen sich: »Die Jungen wollen unseren Rat nicht.« Doch das ist eine eingeredete Blockade. Sie entsteht vor allem durch zwei Erfahrungen:

- Die Ablösung der eigenen Kinder – aber sie müssen lernen selbständig zu sein.
- Die Konkurrenz der Jüngeren im Betrieb – denn die versuchen zu zeigen, dass sie besser sind.

Viele Jüngere sehnen sich dagegen nach Beratung und Begleitung – sind wir offen dafür?

Wir hatten es nicht einfach mit der Ablösung unserer eigenen Kinder. Wir wissen, wie viel wir bei der Erziehung falsch gemacht haben. Daher hielten wir uns für die Begleitung junger Menschen für ungeeignet. Trotzdem hat uns Gott sehr deutlich zu geistlicher Elternschaft berufen. Es begann, als wir einige Monate in einer christlichen Kommunität mitlebten. Dort kamen junge Menschen auf uns zu und fragten uns: »Ihr habt doch heranwachsende Kinder. Könnt ihr uns erklären, warum unsere Eltern gerade in so einem schwierigen Alter sind?« Das ergab intensive Gespräche. Also konnten wir wohl doch mit Jüngeren umgehen.

Dadurch ermutigt, konnten wir später viele junge Menschen schulen, sie seelsorgerlich begleiten und in Jüngerschaftskursen das Leben mit ihnen teilen. Es ist beglückend zu sehen, wie viele von ihnen inzwischen in Leitungsverantwortung hineingewachsen sind.

Die junge Generation schützen, fördern und begleiten

Die Jüngeren haben die Energie und die Dynamik, den Glauben kompromisslos in der Welt zu leben. Steve Thompson, ein geistlicher Leiter, sagt: »Wenn die Jungen nicht ganz anders, viel radikaler und weiter vorangehen als wir, wird es nicht möglich sein, Menschen in größerem Ausmaß mit dem Evangelium zu erreichen.« Diese Aufbrüche brauchen viel Gebet und Ermutigung, aber auch materielle Unterstützung durch die ältere Generation. Ihr Stil und ihre Arbeitsweisen werden uns vielleicht befremden. Aber ihr Mut und ihre Leidenschaft werden auch uns inspirieren und uns Hoffnung geben.

! *Das Geheimnis liegt darin, die Jungen machen zu lassen und ihnen dennoch nahe zu sein.*

Praxis geistlicher Elternschaft

Manche Jugendliche verhalten sich Älteren gegenüber ablehnend. Sie stehen grade in einem Ablösungsprozess oder haben mit Älteren ungute Erfahrungen gemacht. Viele sehnen sich aber nach Orientierung, geistlicher Begleitung und Vorbildern. Immer mehr junge Menschen kommen aus zerbrochenen Familien und haben in ihrer kurzen Lebenszeit schon viel Verletzung und Ablehnung erfahren. Sie haben ein großes Defizit an emotionaler Zuwendung und menschlicher Wärme.

Wenn uns jemand fragt, ob wir ihn eine Weile begleiten können, dann sollten wir zunächst die gegenseitigen

Erwartungen abklären. Dabei sollten wir uns auch frei machen von Sympathie und Antipathie. Wir haben oftmals erlebt, dass Menschen, die uns zunächst unsympathisch oder auch fremd erschienen, zu guten Freunden wurden, nachdem wir sie näher kennen lernten. Wenn Menschen, die sehr viel Ablehnung erfahren haben, sich bedingungslos angenommen fühlen, kann Heilung stattfinden. Sie sollen die Wertschätzung als Geschöpf Gottes erfahren. Dazu gehört viel liebevolle Zuwendung.

Wir werden vieles aus ihrem Leben hören und ihre Lasten ebenso wie ihre Freuden mittragen. Vor allem werden wir viel für sie beten. Gut ist es, wenn wir manches von unserem Alltag mit ihnen teilen können, damit sie uns in Ehe, im Lebensstil, in den Finanzen erleben und hinterfragen können. Hier geht es um Echtheit. Wir können nur weitergeben, was wir selber haben. Bei diesem Teilen des Lebens profitieren beide Seiten. Wir Älteren bekommen Einblick in Gedanken und Probleme, mit denen sich Jüngere beschäftigen. Das weitet unseren Horizont. Wir müssen uns mit manchem gründlicher auseinandersetzen. So wachsen wir selbst in dem Maße, wie wir uns in andere investieren.

Ein wichtiges Element ist Ermutigung. Gott kann uns das Potenzial zeigen, das in einer Person steckt. Wir dürfen ihr helfen, es zu entfalten, Gefühle der Unzulänglichkeit und Minderwertigkeit zu überwinden und auf Gottes Möglichkeiten zu vertrauen. Weise Zurückhaltung ist dabei wichtig. Wir werden nur dort Rat geben, wo wir um Rat gefragt werden. Wir brauchen den Mut, gelegentlich deutlich zu ermahnen. Dann müssen wir auch Verstimmung und Beleidigtsein aushalten. Es kann sogar sein, dass sie uns damit testen, ob wir trotz ihrer Launen noch zu ihnen stehen.

Bei Problemen müssen wir uns davor hüten, Lösungsvorschläge zu machen. Wir sollten vielmehr die richtigen Fragen stellen: Welche Lösungswege sieht der Ratsuchende selber? Welcher Option gibt er den Vorzug und warum? Die betroffene Person kann ihre Situation am besten beurteilen und die geeigneten Wege finden. Wir können sie darin ermutigend begleiten.

Unser Ziel ist dabei: Sie sollen Jesus näher kommen und mit ihm selbständig schwierige Situationen durchstehen. Daher ist es wie bei eigenen Kindern: Sie müssen nach einer gewissen Zeit in die Selbständigkeit entlassen werden. Es ist beglückend, wenn geistliche »Kinder« zum einen zeigen, dass sie jetzt ihr Leben eigenständig führen und bewältigen, zum anderen, wenn sie beginnen, selbst geistliche Eltern für andere zu sein.

Geistliche Elternschaft ist ein wichtiger Dienst im Reich Gottes. Zu ihm sind Alleinstehende genau so berufen wie Verheiratete. Auch Jüngere können schon so viel Reife haben, dass sie anderen geistliche Eltern sein können, mütterliche oder väterliche Freunde.

Gleichaltrige Freunde haben

Es ist schön, wenn wir viel Kontakt zu Jüngeren haben. Damit unser Leben ausgewogen bleibt, brauchen wir aber auch gleichaltrige Freunde. Sind wir im Austausch mit Personen unseres Alters? Wissen wir von daher um die vielfältigen und unterschiedlichen Anforderungen dieses Lebensabschnittes? Können wir unsere Lasten und unsere Freuden teilen? Gerade im Alter brauchen wir einander!

Möglicherweise sind wir mit einer ganzen Reihe von Personen in seelsorgerlichen Gesprächen. Das ergibt eine gewisse Einseitigkeit. Wir sind immer nur die Gebenden, wir sind gefordert. Das kann auf Dauer ermüden und auslaugen. Deshalb brauchen wir auch Beziehungen, die nichts von uns fordern, in denen wir uns fallen lassen können, in denen wir auch Schwächen und Bedürftigkeit zeigen dürfen. Es ist ein kostbares Geschenk, solche Freunde zu haben. Das Erstaunliche ist: Auch im Alter kann man noch solche Freundschaften schließen!

Seit einigen Jahren kommt einmal im Jahr bei uns eine Gruppe von etwa 12 bis 14 Personen zusammen, denen wir in verschiedenen Abschnitten unseres Lebens begegnet sind. Sie sind etwa in unserem Alter und alle in unterschiedlicher Weise im Reich Gottes engagiert. So kommt es zu einem lebhaften Erfahrungsaustausch und zum Gebet für die Dienste der Einzelnen. Wir erfahren eine tiefe geistliche Einheit. Für einzelne ist diese gemeinsame Zeit eine besondere Stärkung und Ermutigung. Obwohl wir uns zum Teil sehr selten sehen, besteht doch eine tiefe innere Verbundenheit.

Zum Nachdenken

Kenne ich die vielfältigen Belastungen und negativen Einflüsse und Versuchungen, denen junge Menschen heute ausgesetzt sind?

Für wen bin ich ein geistlicher Vater / eine geistliche Mutter? Bete ich regelmäßig für diese Personen?

Was erfahre ich über geistliche Aufbrüche unter Jugendlichen?

Habe ich gleichaltrige Freunde?

Zum Weiterlesen

Keith R. Anderson und Randy D. Reese, *Geistliches Mentoring. Geistliche Patenschaften entwickeln, die persönliches Wachstum fördern,* Asslar 2000. Darin sind viele Beispiele der Weisheit geistlicher Persönlichkeiten aus früheren Jahrhunderten, insbesondere über die Art und Weise, wie sie Jüngeren zu geistlichem Wachstum verholfen haben.

Howard G. und William D. Hendricks, *Man(n) braucht Freunde. Persönlich wachsen durch lebendige Beziehungen,* Gießen 1998. Ein gutes Buch über Mentoring, geschrieben von zwei bekannten US-amerikanischen geistlichen Leitern.

Larry Kreider, *Sehnsucht nach geistlichen Vätern und Müttern,* Rosbach-Rodheim 2002. Dieses Buch bespricht gründlich biblische Grundlagen und Praxis geistlicher Elternschaft.

KAPITEL 10

Berufen, Zeuge zu sein

Ihr aber seid das auserwählte Geschlecht, die königliche Priesterschaft, das heilige Volk, das Volk des Eigentums, dass ihr verkündigen sollt die Wohltaten dessen, der euch berufen hat von der Finsternis zu seinem wunderbaren Licht. (1. Petrus 2,9)

Bald wird ein Drittel der Bevölkerung 60 Jahre und älter sein. Manche von ihnen haben noch Reste einer traditionellen Kirchlichkeit. Die Mehrzahl aber hat sich vom christlichen Glauben verabschiedet oder nie Zugang zu ihm gefunden. Eine Befragung von Emnid ergab, dass sich gerade in der Altersgruppe ab 60 Jahren die meisten Menschen befinden, die nicht an ein Leben nach dem Tod glauben.[40]

Die frohe Botschaft weitergeben

Viele unserer Mitmenschen füllen ihre letzten Lebensjahre mit Nichtigkeiten – weil ihnen niemand etwas Besseres zeigt. Wenn wir den Tod ausblenden, verlieren wir uns in Albernheiten. In Unwissenheit wählen die Menschen falsche Wege und Sicherheiten. Viele verdrängen Sterben und Tod – weil ihnen niemand hilft, sich geistlich darauf vorzubereiten. Wenn wir für unser eigenes Leben

Antworten auf diese Fragen gefunden haben, kann es uns nicht gleichgültig sein, wie es anderen damit geht. Wenn wir Jesus kennen und bei ihm Geborgenheit fanden, wird es uns wichtig, diese frohe Botschaft auch anderen Menschen zu bringen.

Die Hinwendung zu Gott soll nicht erst auf dem Sterbebett erfolgen. »Nicht erst an den Grenzen unserer Möglichkeiten, sondern mitten im Leben muss Gott erkannt werden; im Leben und nicht erst im Sterben, in Gesundheit und Kraft und nicht erst in Sünde will Gott erkannt werden«, so der Theologe Dietrich Bonhoeffer (1906–1945).

Es geht dann nicht nur darum, erlöst zu sein und ewiges Leben zu haben. Gott möchte, dass wir bereits hier in die ganze Fülle des Lebens hineinkommen, die Jesus Christus für uns bereitet hat. Wir sollen seine Segnungen nicht erst in der ewigen Herrlichkeit, sondern schon in dieser Welt empfangen.

Deshalb haben wir als Christen die Aufgabe, Leben zu veranschaulichen, wie Gott es gemeint hat. Nur was wir persönlich durchlebt und verinnerlicht haben, können wir anderen weitergeben. Wenn wir zum Beispiel untereinander eine so liebevolle Gemeinschaft haben, dass andere darüber staunen, werden sie sich auch danach ausstrecken. Offene Kleingruppen für ältere Menschen bieten eine solche Möglichkeit.

Gleichaltrige zur Nachfolge einladen

Das ist unser lebenslanger Auftrag.

Ich werde nicht sterben, sondern leben und des HERRN Werke verkündigen. (Psalm 118, 17)

Zu Älteren haben am ehesten Personen Zugang, die im gleichen Alter und in einer ähnlichen Lebenssituation sind. Erst wenn wir zu jemandem eine freundschaftliche und vertrauensvolle Beziehung haben, können wir mit ihm über den Glauben sprechen.

Durch die *Midlife-Crisis* kommen bekanntlich manche Menschen ins Fragen und finden zum Glauben. In ähnlicher Weise kann die Krise, in die manche durch den Verlust der Berufstätigkeit kommen, zu einem Einstieg werden.

Viel Segen ist in letzter Zeit durch Glaubenskurse gestiftet worden: Menschen, die noch keinen Zugang zum Evangelium hatten, haben zum lebendigen Glauben an Christus gefunden. An solche Kurse können sich Vertiefungskurse anschließen. Viele ältere Menschen hatten nie die Gelegenheit, das Evangelium verständlich zu hören und darauf zu reagieren.

Eine großartige Möglichkeit bieten Alpha-Kurse für Senioren (s. a. Seite 76). Eine Hamburger Gemeinde führt sie seit Jahren durch. Dadurch kommen tatsächlich viele ältere Menschen zum Glauben. Sie werden anschließend in Hauskreisen weitergeführt. Das hat die Gemeinde ermutigt, jetzt auch Alpha-Kurse in Seniorenheimen durchzuführen – mit Erfolg.[41]

Wer einen solchen Kurs durchlaufen hat, kann sich bei Folgekursen selbst an der Vorbereitung und Durchführung beteiligen.

Im Alter zu Gott finden

Die *Kinder-Evangelisations-Bewegung* befragte vor einiger Zeit Christen, in welchem Alter sie zum Glauben gefunden haben. Vor dem 15. Lebensjahr wurden 86 Prozent der Befragten Christen, aber nach dem 35. Lebensjahr nur noch vier Prozent![42] Das bedeutet nicht, dass ältere Menschen nicht mehr mit dem Evangelium erreicht werden können, sondern dass man auf den Glauben älterer Menschen viel zu wenig Aufmerksamkeit richtet. Da Ältere in großer Zahl in den Kirchenbänken sitzen, übersieht man, dass die Mehrzahl der alten Menschen längst der Kirche fern bleibt. Hier besteht also ein großer Nachholbedarf.

Auch wenn jemand erst im Alter gläubig wird, kann das eine erstaunliche Veränderung in seinem Denken und Leben bewirken. Wir kennen einen alten Bauern auf der Schwäbischen Alb. Er hat viel Leid erleben müssen. Die traditionelle Kirchlichkeit in seinem Dorf hatte wenig Bedeutung für sein Leben. Vor einigen Jahren fand er bei einer Freizeit eine persönliche Beziehung zu Jesus Christus. Seitdem staunen wir, wie er geistlich wächst. Er wurde ein vollmächtiger Beter. Er bekam Weisheit, geistliche Zusammenhänge zu erkennen. Heute ist er ein geistlicher Vater, der vielen Jungen ein Vorbild ist. Mit seinen beschränkten Kräften leistet er in einem christlichen Werk wichtige Dienste. So gewann er viele neue Freunde. Sein Horizont hat sich geweitet. Für uns ist er ein ermutigendes Beispiel, wie sehr Menschen auch im Alter noch von Gott verändert und zum Segen werden können.

Das Gleichnis von den Arbeitern im Weinberg (Matthäus 20,1–16) beschreibt genau diese Situation: Die Arbeiter, die erst gegen Abend gefunden wurden und zur Arbeit im Weinberg kamen, erhielten dennoch denselben Lohn. Menschen, die erst spät zum Glauben finden, erleben dennoch die Fülle des Lebens, wenn sie sich für Gottes Möglichkeiten öffnen.

Zum Nachdenken

Tut es mir weh, dass Menschen ihr Leben ohne Gott leben?

Bin ich so begeistert über die Wohltaten Gottes in meinem Leben, dass ich das anderen unbedingt weitersagen muss?

Habe ich echte Freundschaften mit gleichaltrigen Nichtchristen?

Mit wem bin ich im Gespräch über die wirklich entscheidenden Lebensfragen?

Zum Weiterlesen

Bill Hybels und Mark Mittelberg, *Bekehre nicht – lebe! So wird Ihr Christsein ansteckend,* Asslar 2001.

Kurt Scheffbuch, *Andere verstehen – andere gewinnen. Impulse zur Gesprächsführung,* Holzgerlingen 1997. Der Autor hilft, dialogfähig zu werden.

Lee Strobel, *Beim Wort zum Sonntag schalt' ich ab. Die Welt eines Kirchendistanzierten verstehen,* Wiesbaden 1995. Der Journalist und Pastor erklärt viele der Gründe, warum Menschen sich von der Kirche verabschiedet haben oder nie Zugang fanden. Zugleich ermutigt er Christen, Beziehungen zu diesen Menschen zu bauen.

KAPITEL 11

Berufen, Vorbild zu sein im Leben und Sterben

Wer aber beharrt bis ans Ende, der wird selig werden. (Matthäus 24,13)

Das Alter kann uns viele unbeschwerte, erfüllte Jahre schenken. Aber auch Leid und Krankheit gehören dazu. Darin ist die Bibel sehr realistisch:

Denk an deinen Schöpfer in deiner Jugend, ehe die bösen Tage kommen und die Jahre sich nahen, da du wirst sagen: »Sie gefallen mir nicht«. (Prediger 12,1)

Auch diese Zeiten haben ihre Bedeutung. Sie geben uns sogar die Möglichkeit, stärker zu reifen als in unbeschwerten Zeiten. Der Pastor und Autor Gordon MacDonald stellt anhand von Erfahrungen im eigenen Leben fest: »In Schmerz, Versagen, Zerbruch vollbringt Gott sein schönstes Werk im Leben von Menschen.«[43] Wir können nicht vorhersagen, wie wir uns verhalten werden, wenn die »bösen Tage« kommen. Aber wir können uns darauf vorbereiten, indem wir immer mehr auf Gottes Güte und Fürsorge vertrauen.

Unerwartete Lasten

Wahrscheinlich haben wir alle bei uns oder in der Verwandtschaft die Erfahrung gemacht, dass die Zeit des Ruhestandes als eine schöne, erlebnisreiche, harmonische Zeit geplant war. Dann aber lief alles ganz anders, weil etwas dazwischen kam. Die häufigsten Lasten in diesem Lebensabschnitt sind:

- Für die alten Eltern sorgen,
- Krankheit des Ehepartners,
- eigene Krankheit oder ein schwerer Unfall,
- Trauer durch Verlust des Ehepartners,
- mit Scheidung und ggf. erneuter Heirat der Kinder zurechtkommen,
- unter Umständen Enkelkinder aufziehen.

Auch diese Ereignisse haben Bedeutung! Gott lässt sie zu. Wir sollen unseren Glauben in diesen Umständen bewähren. Wir können darin Vorbild für andere sein, wie wir diese Situationen bewältigen. Wir könnten in Krankheit und Leid grübeln: Warum geschieht das jetzt mir? Wir könnten aber auch sagen: Das hat Gott zugelassen. Er ist auch in dieser Situation bei uns und sorgt für uns. Was soll ich jetzt dadurch lernen? Wie gehe ich geistlich mit dieser Herausforderung um? Leid bringt uns von Gott weg oder es treibt uns näher zu Gott hin. Hier ist unsere Entscheidung gefragt.[44]

Wenn wir selbst oder andere das Leid verursacht haben, dann ist das Wichtigste, dass wir vergeben. Selbstvorwürfe oder Groll verschlimmern den Zustand. Vergebung bringt inneren Frieden.

In all solchen Situationen brauchen viele ältere Menschen Ermutigung und Anleitung, um trotz Einschränkungen und Krankheit erfülltes Leben zu haben. Sie brauchen Begleitung im Gebet. Es ist wichtig, dass sie ein Ja finden zu den Einschränkungen und Veränderungen in ihrem Leben. Gerade aktiven Personen kostet es den eigenen Stolz, jetzt auf Hilfe angewiesen zu sein. Doch sie können lernen, die Beschwernisse des Alters vom Glauben her zu bewältigen. Unsere Fähigkeit, Krankheit und Leid zu überstehen, wurzelt in unserem Glauben an ein Leben nach dem Tod.

Eine Hilfe ist hier besonders der Philipperbrief. Man kann ihn als ein »Handbuch für Senioren« bezeichnen und gebrauchen.[45] Er wird auch Freuden-Brief genannt. Paulus schreibt ihn in großer Bedrängnis. Aber seine Worte ermutigen und strahlen Freude aus. Seine zentrale Weisung heißt: *Freuet euch in dem Herrn allewege, und abermals sage ich: Freuet euch!* (Philipper 4,4). Es geht darum, die Beschwernisse des Alters christusgemäß zu bewältigen. Paulus behandelt viele von ihnen:

- Bewegungseinschränkungen (1,13),
- Gehässigkeiten (1,17),
- Sorgen (4,6),
- Friedlosigkeit (4,7–9),
- Mangel (4,10–19).

Wir sollen auf den Herrn schauen und nicht auf die Umstände.

Ich vermag alles durch den, der mich mächtig macht.
(Philipper 4,13)

Wenn unsere Kräfte abnehmen und Arbeit uns nicht mehr möglich ist, gilt die Berufung und Sendung nach wie vor. Auch in dieser Lebensphase ist unser Beitrag für das Reich Gottes wertvoll. Der betagte Christ steht noch ganz im Dienst für das Reich Gottes, wie immer die konkrete Form dieses Dienstes auch aussehen mag.

> **!** *Lebensqualität kommt aus unserer Gottesbeziehung, nicht aus den Umständen. Die von Jesus verheißene Fülle des Lebens ist nicht vom Lebensalter oder vom körperlichen Zustand abhängig.*

Alt werden ist nicht nur eine Aufgabe, es ist vor allem eine Gabe. Zur Ehre Gottes zu leben, hat Priorität auch für den letzten Lebensabschnitt. Gott befähigt uns dazu; er ist an jedem Tag bei uns. Er geht mit uns durch alle Schwierigkeiten. Und er hält uns, wenn wir selbst keine Kraft mehr haben.

> *Fürchte dich nicht vor dem, was du leiden wirst! ... Sei getreu bis an den Tod, so will ich dir die Krone des Lebens geben.* (Offenbarung 2,10)

Unsere Aufgabe ist es, uns auch auf die letzte Zeit vorzubereiten. Bisher konnte man noch bei vielen Schwerkranken und Sterbenden die Kenntnis hilfreicher Bibelstellen und aussagekräftiger Gesangbuchlieder voraussetzen. Besucher und Seelsorger konnten daran anknüpfen. Inzwischen fehlt solch ein Fundus weitgehend. Welche Worte und Lieder haben wir so verinnerlicht, dass wir sie ohne Hilfsmittel abrufen können?

Liliane Giudice schreibt in ihrem Buch »Die Kraft der Schwachen« über das Kranksein: »Der kranke Christ wird immer eine Freude haben: Gott! Ohne Gott sind wir immer, auch im Glück, jämmerlich, armselig; mit Gott, auch im Leid, wirklich reich. Wir besitzen ein Vermögen, das wir nie ausschöpfen können, dessen Wert nie schwankt, und das wir stets bei uns tragen.«

Verlust als Weg zur geistlichen Reife

Julie Gorman schreibt dazu:[46] »Verluste sind ein Kennzeichen des Alters. Wir verlieren Freunde, Gesundheit, Zeit, Beruf, Schönheit, Einkommen, Unabhängigkeit, Ansehen ... Wie wir darauf als Christen reagieren, ist ein Test für unsere Reife. Weltlich bedeutet Reife, einen erwachsenen Status zu erreichen, der dann beibehalten wird. Geistlich bedeutet Reife einen ständigen dynamischen Prozess der Veränderung und des Wachstums. Wir sollen hineinwachsen in die Ähnlichkeit mit Christus. Dabei werden Verluste zu Gewinn.

Was früher wichtig erschien, erscheint uns jetzt nicht mehr erstrebenswert. Manches, ohne das wir uns ein Leben nicht vorstellen konnten, wurde uns genommen oder wir haben es selbst aufgegeben. Gott hat einen Hunger in uns hineingelegt, der durch nichts gestillt werden kann als durch ihn allein. Das treibt uns vorwärts. Wenn wir an Gottes Güte glauben, dann bewerten wir Verlust und Veränderung anders.

Weisheit kostet einen Preis. Ein Christ weicht den Herausforderungen, Kämpfen, Schwierigkeiten und Gefahren des Lebens nicht aus. Er akzeptiert sie, steht sie durch und wächst dadurch. Wir sind Pilger, die noch nicht am Ziel sind. Wachstum in den unterschiedlichen Lebensphasen entfaltet Gottes Werte in unserem Leben. Sie sind befriedigend und dauerhaft. Altern ermöglicht diesen Prozess.«

Gottes Wort lädt zu diesem Reifungsprozess ein:

> *Wir rühmen uns auch der Bedrängnisse, weil wir wissen, dass Bedrängnis Geduld bringt, Geduld aber Bewährung, Bewährung aber Hoffnung, Hoffnung aber lässt nicht zuschanden werden.* (Römer 5,3–5a)

Geistlich treu bleiben

Die Bibel gibt zahlreiche Beispiele von Gottesmännern, die von Gott gebraucht wurden, aber mit Versagen endeten. Noah wurde betrunken, Lot beging Inzest, Gideon verübte Götzendienst, Samson hatte Frauenaffären, Eli war nachlässig, Saul ging zu einer Totenbeschwörerin.

Psalm 119,33 enthält daher die sehr notwendige Bitte:

> *Zeige mir, HERR, den Weg deiner Gebote, dass ich sie bewahre bis ans Ende.*

Und Offenbarung 3,11 ermahnt uns:

> *Siehe, ich komme bald; halte, was du hast, dass niemand deine Krone nehme!*

Wir müssen bis zuletzt Gott treu sein und geistlich wachsam bleiben. Donald E. Anderson gibt dafür folgende Ratschläge:

1. *Zielorientierung:* Der Sieg wird im Himmel gefeiert, nicht hier.

2. *Eingebunden sein in ein Netzwerk gegenseitiger Verantwortlichkeit.*
3. *Disziplin* im körperlichen, emotionalen, geistlichen und intellektuellen Bereich.
4. *Innige Gottesbeziehung* – durch Bibellese, Stille und Gebet.
5. *Erwartungsvoll leben* – die Erfüllung der biblischen Verheißungen erwarten.
6. *Nicht aufgeben!* Humor behalten! Täglich tun, was getan werden muss.[45]

Witwenschaft

Eine besondere Aufgabe ist die Neugestaltung des Lebens, wenn ein Ehepartner gestorben ist. Oft wird dann deutlich, dass durch langjährige Arbeitsteilung der hinterbliebene Partner über vieles nicht Bescheid weiß. Es ist leider eine Tatsache, dass manche Frauen – auch bei Christen – keinen Einblick in die Einkommensverhältnisse und Geldanlagen ihres Mannes haben und damit auch in finanzieller Unsicherheit leben. Oder die Frau regelt alle Finanzangelegenheiten und der Mann kennt sich darin nicht aus. Beide sollten sich in allen Bereichen auskennen. Aber dazu muss einiges an Stolz und Machtstreben überwunden werden.

Wir hatten schon zur Zeit der Berufstätigkeit erkannt, dass wir in manchen Lebensbereichen nicht ausreichend informiert sind, und haben deshalb unter der etwas makaberen Bezeichnung »Witwenkurs« daran gearbeitet. Meine Frau zeigte mir dann zum Beispiel, wie man Feinwäsche in der Waschmaschine wäscht, Kartoffeln im Dampftopf gart, empfindliche Stoffe bügelt usw. Ich gab meiner Frau eine

Aufstellung aller finanziellen Verpflichtungen und zeigte ihr, wo die einzelnen Dokumente zu finden sind. Gemeinsam füllten wir die Einkommensteuererklärung aus.

Solches Sich-Kundig-Machen erweist sich bereits als hilfreich, wenn ein Ehepartner im Krankenhaus oder in der Kur ist. Inzwischen ist es auch wichtig, zu wissen, wo die verschiedenen Aufzeichnungen, Chroniken und Berichte auf dem Computer gespeichert sind und wie man an sie herankommt.

Im letzten Lebensabschnitt

> *»Wie wir mitten im Leben vom Tod umfangen sind, so müsst ihr jetzt auch ganz fest überzeugt sein, dass wir mitten im Tode vom Leben umfangen sind.«*
> (Johannes Calvin, französischer Reformator, 1509–1564)

In ihrem Buch »Leben an der Grenze des Todes« schreiben Trudi und Johann Tibbe über ihre Erfahrungen während einer Krebskrankheit, die zu Trudis Tod führte. Das wichtigste war ihnen, dass von Anfang an nicht um die Schwere der Krankheit herumgeredet wurde. Sehr ehrlich beschreibt die Autorin, wie wichtig es ihr war, als Schwerkranke nicht abgeschrieben zu sein, sondern Anteil zu haben an dem Leben der Familie und der Freunde. Sie erlebte, wie angesichts der Todesnähe Gespräche an Tiefgang gewinnen. So können Sterbende bis zuletzt nicht nur nehmen, sondern auch geben.

Eine allein stehende Frau in unserem Hauskreis erkrankte unheilbar an Krebs. Sie hatte den Wunsch, in ihrer Wohnung zu sterben. Ein verständnisvoller Arzt übernahm die Verantwortung und medizinische Versorgung. Die Mitglieder des Hauskreises lösten sich rund um die Uhr in der Begleitung ab. So hatte sie auch weiter Anteil am Leben der Gruppe. In langen Gesprächen mit ihrer Seelsorgerin, die von weither anreiste, ging sie noch einmal ihr Leben durch und bereinigte alle Bereiche. Wir konnten noch einmal gemeinsam Abendmahl feiern. Es ist mir unvergesslich, welche Freude die Sterbende dabei ausstrahlte.

Corrie ten Boom hat in ihrem Leben sehr viele geistliche Impulse gegeben. Im Alter war sie durch Schlaganfälle pflegebedürftig. Zudem hatte sie die Fähigkeit zu sprechen verloren. Die Haltung, mit der sie diese Einschränkungen trug, war für viele ein Zeugnis. Sie blieb eine Beterin. Besucher waren beeindruckt von der Liebe und Anteilnahme, die sie ausstrahlte.[36]

Der Schauspieler, Regisseur und Theaterleiter Ernst Ginsberg (1904–1964) war durch die Muskelkrankheit Amyotrophische Lateralsklerose (ALS) vollständig gelähmt. Daher betete er: »Ich bitte dich Herr, um die große Kraft, diesen kleinen Tag zu bestehen, um auf dem großen Wege zu dir einen kleinen Schritt weiterzugehen.«[47]

Ich denke, dass wir am meisten für uns selber lernen können, wenn wir andere Menschen in ihrem letzten Lebensabschnitt begleiten. Wenn wir erleben, wie sie – positiv oder negativ – mit ihren Nöten umgehen. Dann können wir uns fragen, welche Hilfen wir in ähnlichen Situationen hätten, welche Kraft wir aus dem Glauben schöpfen können, welche Fragen bei uns noch offen geblieben sind. Wir können vertrauen, dass Gott uns auch auf solche Situationen vorbereitet. Besuch bei Kranken und Sterbenden ist ein wichtiger Dienst, durch den Ältere segensreich wirken können. Sie werden selber viel Gewinn davon haben.

Zum Nachdenken

Habe ich eine Herzensbeziehung zu Jesus Christus? Bin ich gewiss, dass er mit mir durch alle Situationen meines Lebens geht?

Konnte ich schon Menschen im Sterben begleiten? Was habe ich aus diesen Erfahrungen gelernt?

Könnte Besuchsdienst bei Kranken oder Hospizarbeit eine Aufgabe für mich sein?

Zum Weiterlesen

Donald E. Anderson, *Keep The Fire! Approaching your senior years with perspective and passion,* Florida 2005. Wie bewältigt man die Gegebenheiten und Einschränkungen des Alters im Glauben? Ein sehr ermutigendes Buch über unsere vielfältigen Wirkungsmöglichkeiten.

Frauke Bielefeldt, *Wie ein Schmetterling im Käfig. Perspektiven für ein Leben mit Krankheit,* Asslar 2005.

Kurt Hennig, *Gottes Wort – Geleit im Sterben. Zum Dienst an Schwerkranken und Sterbenden,* Stuttgart 1984.

Kurt Scherer, *... dass Leiden wertvoll werde,* Lahr 2002.

Max Sinclair und Russel Bravo, *Leben mit Grenzen,* Gießen 1991. Ein querschnittsgelähmter Mann beschreibt sehr offen seine inneren Kämpfe, diese Situation anzunehmen.

Trudi und Johann Tibbe, *Leben an der Grenze des Todes,* Neukirchen-Vluyn 1981.

Gerhard Weber, *Lebensfreude bis ins hohe Alter. Begleitung von alten Menschen und Pflegekranken,* Holzgerlingen 2000. Geschrieben aus langjähriger Erfahrung als Seelsorger in Alten- und Pflegeheimen.

KAPITEL 12

Berufen zur ewigen Herrlichkeit

Lehre uns bedenken, dass wir sterben müssen, auf dass wir klug werden. (Psalm 90,12)

Der in euch angefangen hat das gute Werk, der wird's auch vollenden bis an den Tag Christi Jesu. (Philipper 1,6)

Die große Unwissenheit

Sterben und Tod sind Bereiche, über die wir sehr wenig wissen. Ein wesentlicher Grund liegt zunächst darin, dass wir – im Gegensatz zu früheren Generationen – zumeist nur selten oder nie Gelegenheit hatten, einen Menschen beim Sterben zu begleiten. Ein junger Mann sagte mir neulich, dass er seinen Großvater und seinen Schwiegervater am Sterbebett begleiten durfte und dass er für diese Erfahrung sehr dankbar ist. Beides waren gläubige Männer.

Die Signale der Sterblichkeit sind allgegenwärtig. Täglich kommen Menschen völlig unvorbereitet durch Naturereignisse und andere Katastrophen ums Leben. Manches Mal erleben wir, dass Angehörige oder Bekannte, die ganz gesund erschienen, durch eine Krankheit aus dem Leben gerissen werden, manche, ohne dass sie ihre Angelegenheiten in Ruhe ordnen konnten.

Wenn man über eine Angelegenheit wie hier das Sterben nicht Bescheid weiß, kann man sie verdrängen. Das tun die meisten. Wichtiger ist es aber, sich intensiv damit zu beschäftigen. Das sollten wir als Christen tun. Eine geistliche Frau, der wir sehr viel verdanken, musste wegen einer Erbkrankheit immer damit rechnen, früh zu sterben. So bereitete sie sich auf die Ewigkeit vor. Sie hatte darüber tiefe Einsichten und dachte mit großer Freude an die ewige Herrlichkeit. Bei ihr haben wir zum ersten Mal den Mut bekommen, uns selbst damit zu beschäftigen.

Der ehemalige Ministerpräsident von Niedersachsen Ernst Albrecht, sagte an seinem 60. Geburtstag: »Ich habe mir schon sehr früh klar gemacht, dass die wichtigste Stunde im Leben die Stunde des Todes ist. Ich habe immer gefunden, dass wir Menschen einen kapitalen Fehler machen, wenn wir den Gedanken an den Tod verdrängen, wie es leider in der westlichen Welt gang und gäbe ist.« Eine längere Dienstzeit lehnte er ab mit der Begründung, er wolle sich auf den Tod vorbereiten. Schließlich sei die längste Zeit seines Lebens die Zeit danach. Seine wichtigste Hilfe zur Vorbereitung darauf sei die Bibel.

Es ist betrüblich, dass die zentralen Fragen von Sterben und ewigem Leben in der Verkündigung unserer Gemeinden kaum vorkommen. Dabei bewegen diese Themen viele ältere Menschen. Wie sollen sie sich damit auseinandersetzen, wenn sie nicht unterwiesen werden? Hier müssen wir neue Formen der Vermittlung finden. Christliche Kleingruppen könnten diese Themen behandeln. Wenn diese Fragen nicht immer wieder im Leben angesprochen werden, kann es dafür zu spät werden. Kurt Hennig, ein an Sterbebetten erfahrener Seelsorger, stellte fest, dass die Bereitschaft, auf Gottes Wort zu hören und mit Gottes Wort zu leben und endlich auch zu sterben, nicht mit zunehmendem Lebensalter wächst. Sie bedarf der Förderung.

Auch im Alter leben wir immer noch stark vom Anfang her. Alles geht weiter. Wenn wir jedoch auf das unausweichliche Sterben blicken, müssen wir vom Ende her denken. Noch einige Jahre, was dann? Vom Ziel her zu denken, ermöglicht eine Veränderung in der Lebensplanung. Was ist jetzt vordringlich, was hat jetzt noch Bedeutung?

»Ewigkeit, in die Zeit
leuchte hell hinein,
dass uns werde klein das Kleine –
und das Große groß erscheine,
selge Ewigkeit.«
(Marie Schmalenbach, Dichterin, Schriftstellerin
und Pfarrfrau, 1835–1924)

Sich freuen auf die Ewigkeit!

»Noch eine kurze Zeit, dann ist's gewonnen,
dann ist der ganze Streit in nichts zerronnen,
dann kann ich laben mich an Lebensbächen
und ewiglich mit Jesus sprechen.«
(Søren Kierkegaard, dänischer Philosoph
und Theologe, 1813–1855)

Der Ruhestand ist der letzte Abschnitt in unserem Leben. Wir sollen ihn nutzen, um uns auf die Begegnung mit Gott vorzubereiten.

Großen Ereignissen in unserem Leben fiebern wir entgegen. Wir sehnen uns nach dem großen Tag – des Ausbildungsabschlusses, der Hochzeit, der ersten Geburt. Sehnen wir uns eigentlich genauso nach dem großen Tag, an dem das neue, unvergängliche Leben beginnt? Es ist ja ein viel größeres Ereignis!

Das Sterben ist der Höhepunkt des Lebens. Es geht nach Hause. Wir nähern uns der ewigen Heimat. Dort dürfen wir schauen, was wir geglaubt haben. Das eigentliche Leben liegt noch vor uns. Es wird von überströmender Freude erfüllt sein. Wenn Christus mein Leben ist, dann – und nur dann – ist Sterben mein Gewinn (Philipper 1,21).

Wenn ich weiß, dass das, was vor mir liegt, unüberbietbar gut ist, dann relativiert sich vieles in diesem Leben. Ich muss nicht mehr alles in die Jahre hineinpressen, die ich noch auf dieser Erde verbringe.

Unsicherheit über das, was uns erwartet, erzeugt Ängste. Gottes Wort gibt uns Klarheit. Was die Bibel über das ewige Leben schreibt, ist atemberaubend. Menschliche Vorstellungen und Beschreibungen sind völlig unzureichend.

Heilsgewissheit erlangen

Unwissenheit macht unsicher. Bin ich wirklich erlöst? Habe ich ewiges Leben? Kann mich Gott, so wie ich bin, annehmen? Diese Fragen müssen unbedingt beantwortet werden!

Heilsgewissheit bedeutet:

1. Ich bin vollständig davon überzeugt,
    - dass der dreieinige Gott lebt und regiert,
    - dass ich in Jesus Christus erlöst bin, Vergebung aller Sünden und ewiges Leben habe.

2. Ich bin in Gott geborgen und vertraue vollständig seiner Fürsorge und Führung.

Diese Heilsgewissheit beruht auf den eindeutigen Verheißungen der heiligen Schrift. Der Tod ist des Menschen Feind. Als Gläubige aber brauchen wir ihn nicht mehr zu fürchten. Wer sein Vertrauen auf Jesus Christus setzt, kommt nicht in das Gericht:

> *Wer mein Wort hört und glaubt dem, der mich gesandt hat, der hat das ewige Leben und kommt nicht in das Gericht, sondern er ist vom Tode zum Leben hindurchgedrungen.* (Johannes 5,24)

Das Vertrauen darauf ist ein Werk des Heiligen Geistes. Heilsgewissheit ist jedem Christen verheißen – und zugleich sind wir auch hier manchen Anfechtungen ausgesetzt.

Unvorstellbare Herrlichkeit

Die Bibel gebraucht für die Ewigkeit irdische Begriffe: Jesus hat uns eine Wohnung bereitet:

> *In meines Vaters Hause sind viele Wohnungen.*
> (Johannes 14,2a)

In Offenbarung 21,1–5 wird das himmlische Jerusalem beschrieben. Auch hier wird das Unvorstellbare mit irdischen Vergleichen von Gold und Edelsteinen dargestellt. Das Entscheidende aber ist dabei die beständige Gegenwart Gottes. Wir werden den Vater und den Sohn von

Angesicht zu Angesicht sehen. Alle unsere Fragen finden dann eine Antwort.

Dieses Glück und diese Freude beschreibt Jesaja im großen Freudenmahl:

> *Und der HERR Zebaoth wird auf diesem Berge allen Völkern ein fettes Mahl machen, ein Mahl von reinem Wein, von Fett, von Mark, von Wein, darin keine Hefe ist.*
> (Jesaja 25,6)

Dann kommt in Vers 8 die trostreiche Stelle:

> *Er wird den Tod verschlingen auf ewig. Und Gott der HERR wird die Tränen von allen Angesichtern abwischen und wird aufheben die Schmach seines Volks in allen Landen; denn der HERR hat's gesagt.*

Diese Stelle wird in Offenbarung 21,4 noch einmal aufgegriffen und bestätigt. In dieser Welt dürfen wir bereits viel Heilung erfahren. Dann aber werden alle Lasten von uns genommen sein. Wir bleiben dabei eine Persönlichkeit, wir behalten unsere einzigartige Identität. Bei Gott entfaltet sie sich sogar noch. Wir werden großartige Aufgaben bekommen.

Für die Christen der ersten Jahrhunderte war diese Zukunftsschau ganz real. Der ägyptische Bischof und Patriarch Cyrill von Alexandrien (381–444) drückt es so aus:

> *»Wahr ist es,*
> *einmal reißt es uns alle hinauf*
> *aus Zerfall in die ewige Jugend,*
> *aus Sterben ins Leben,*
> *aus Siechtum in siegende Kraft,*

aus Kleinheit in Glorie,
aus einigen Zeiten in ewige Weiten.
So wird es sein, ja so,
wenn wir ewig daheim sind bei Christus.«

Wer zu dieser Glaubensgewissheit durchgedrungen ist, kann getrost sterben.

In der Ewigkeit werden wir Gemeinschaft haben mit allen Gotteskindern aller Jahrtausende. Wir werden den Lieben begegnen, die vor uns zum Herrn gegangen sind, ebenso aber auch den Christen, von denen wir uns im Leben distanziert haben. Im Himmel gibt es keine nach Denominationen getrennten Abteilungen. Sollten wir da nicht schon auf dieser Welt Einheit mit Glaubensgeschwistern suchen, die andere Prägungen und Aufgaben haben?

Bewertung unseres Lebens

Ebenso klar spricht die Bibel aber auch über Verdammnis und Gericht. Wir sind gefordert, Stellung zu beziehen. Wo stehen wir, was dürfen wir erwarten?

Wenn Jesus uns richtet, bewertet er die Frucht unseres Lebens. Wir werden unseren Lohn empfangen. Darüber gibt es erstaunliche Verheißungen. Besonders wenn wir um Christi Willen auf eigene Pläne verzichtet haben und sogar Verfolgung erleiden mussten.

Freut euch an jenem Tage und springt vor Freude; denn siehe, euer Lohn ist groß im Himmel. (Lukas 6,23)

Gott möchte seine Knechte ehren. Dann wird offenbar, welche Gaben er uns gegeben hatte, welche wir gebraucht haben und welche der Pfunde wir vergraben haben. Wir werden staunend erkennen, dass manches, was uns umsonst erschien, doch vielfältig Frucht getragen hat. Menschen, die wir gar nicht kennen, werden berichten, wie sie durch uns zum Glauben gefunden haben.

Dann werden manche Christen viel und manche wenig vorzuweisen haben. In Kapitel 7 (ab Seite 81), in dem es über das Fruchtbringen geht, wird der große Schmerz angesprochen, den wir dann empfinden müssen, wenn uns deutlich wird, was wir zu Gottes Ehre hätten wirken können, aber unterlassen haben, weil uns anderes wichtiger erschien. Verstehen wir, weshalb der Widersacher ständig versucht, uns davon abzuhalten, Gottes Pläne zu verwirklichen, indem er uns scheinbar gute Aufgaben anbietet? Deshalb ist es so wichtig, immer wieder die Frage zu stellen: Was hat wirklich Ewigkeitsbedeutung? Dennoch: Strafe werden wir nicht empfangen! Die hat Jesus auf sich genommen.

Wir werden uns wohl alle an Trauerfeiern erinnern, die bedrückend waren. Aber auch an Beerdigungen, die Dank und Auferstehungsfreude vermittelten. Wie wünschen wir uns unseren Abschied? Es ist keineswegs abwegig, sich darüber Gedanken zu manchen, sie schriftlich niederzulegen und auch Vorbereitungen zu treffen.

Was bleibt, wenn wir gestorben sind? Das, was wir in andere Menschen investiert haben. Auch unsere Gebete. Manche unserer Gebete werden vielleicht erst nach unserem Sterben erhört. Nahe Angehörige, für deren Bekehrung wir lange gebetet haben, kommen dadurch unter Umständen erst Jahre nach unserem Sterben zum Glauben!

Zum Nachdenken

Freue ich mich darauf, Gott in der ewigen Herrlichkeit zu begegnen?

Habe ich die Gewissheit völliger Versöhnung mit Gott? Jesus gibt sie mir, wenn ich zu ihm komme!

Zum Weiterlesen

Randy Alcorn, *Der Himmel. Was uns dort wirklich erwartet,* Holzgerlingen 2005.

Rick Howard und Jamie Lash, *Das war dein Leben! Bereit, Gott von Angesicht zu Angesicht zu begegnen,* Lüdenscheid 1999.

Hartmut Maier-Gerber, *Sterben – der Höhepunkt des Lebens. Ein medizinisch-biblisches Zeugnis,* Witten 2005. Eine gründliche Behandlung vieler Bibelstellen, die vom Sterben, vom Tod, vom ewigen Leben und von Gericht und Verdammnis handeln.

Klaus Rösler, *Vorbereitet sterben ... heute schon an morgen denken,* Kassel 2004. Behandelt vor allem die äußeren Angelegenheiten, die unbedingt geregelt werden müssen.

Kurt Scherer, *Seelsorgerliches zum Umgang mit dem Sterben,* Lahr 1999.

Reuben A. Torrey, *Sei bereit für die Ewigkeit,* Asslar 1992.

Zum Abschluss

Gott hat einen Plan für Sie

- *Sie gehören Gott mit allem, was Sie sind und haben.*
- *Sie sind Gott für Ihr Leben Rechenschaft schuldig.*
- *Gott möchte das gute Werk, das er in Ihnen anfing, zur Vollendung bringen.*
- *Gott hat Sie ein Leben lang vorbereitet für den Dienst in den kommenden Jahren.*
- *Gott gibt Ihnen 70 oder 80 Jahre, diesen Dienst zu tun.*
- *Gott hat kein Wort von Ruhestand gesagt.*

Wo Jesus eine Berufung ausspricht, da zählt das Alter nicht!

ALLGEMEINE LITERATURHINWEISE

Abeln, Reinhard und Knehr, Anton: *Wie werde fertig ich mit meinem Alter? Zehn goldene Ratschläge.* Vier-Türme-Verlag, Münsterschwarzach 1991, 78 S.

Abeln, Reinhard und Knehr, Anton: *Sieh auf das, was vor dir liegt. Vom Gelingen des Lebens.* Vier-Türme-Verlag, Münsterschwarzach 1999, 93 S.

Alcorn, Randy: *Der Himmel. Was uns dort wirklich erwartet.* Hänssler, Holzgerlingen 2005, 337 S.

Anderson, Keith R. und Reese, Randy D.: *Geistliches Mentoring. Geistliche Patenschaften entwickeln, die persönliches Wachstum fördern.* Projektion J, Asslar 2000, 227 S.

Auer, Alfons: *Geglücktes Alter.* Herder, Freiburg 1995.

Bailey, Kenneth E.: *Der ganz andere Vater. Die biblische Geschichte vom verlorenen Sohn aus nahöstlicher Perspektive in Szene gesetzt.* Neufeld, Schwarzenfeld 2006, 192 S.

Becker, Karl Friedrich und Thiele, Friedrich: *Alter und Glaube. Wie Sie geistig jung und geistlich frisch bleiben.* Hänssler, Holzgerlingen 2000, 208 S.

Bielefeldt, Frauke: *Wie ein Schmetterling im Käfig. Perspektiven für ein Leben mit Krankheit.* Gerth Medien, Asslar 2005, 260 S.

Bierlein, Karl Heinz: *Alles hat seine Zeit. Von der Kunst, die Endlichkeit des Lebens anzunehmen.* Claudius, München 1996, 95 S.

Bilezikian, Gilbert: *Gemeinschaft. Gottes Vision für die Gemeinde.* Gerth Medien, Asslar 2005, 176 S.

Breemen, Piet van: *Alt werden als geistlicher Weg.* Echter, Würzburg 2004, 91 S.

Cole, Neil: *Klein und stark. Minigruppen – Ein Weg zur ganzheitlichen Nachfolge.* C & P Verlag, Glashütten 2003, 140 S.

Donahue, Bill und Robinson, Russ: *Gemeinschaft, die Leben verändert. Praktische Schritte zu einer Kleingruppen-Gemeinde.* Gerth Medien, Asslar 2003, 240 S.

Gatterer, Gerald und Croy, Antonia: *Geistig fit ins Alter 1 und 2. Neue Gedächtnisübungen für ältere Menschen.* Springer, Wien 2003, 101 S./2004, 77 S.

Gerber, Samuel: *Sterben will gelernt sein. Von der Kunst, das Leben loszulassen.* Brunnen, Basel 2005, 96 S.

Ginsberg, Ernst: *Abschied.* Herausgegeben von Elisabeth Brock-Sulzer, Arche, Zürich/Hamburg 1991, 261 S.

Giudice, Liliane: *Die Kraft der Schwachen – über das Kranksein.* Kreuz, Stuttgart 1986.

Grün, Amseln: *Lebensmitte als geistliche Aufgabe.* Vier-Türme-Verlag, Münsterschwarzach 2001, 78 S.

Guardini, Romano: *Die Lebensalter. Ihre ethische und pädagogische Bedeutung.* Matthias-Grünewald-Verlag, Mainz 2001, 104 S.

Hack, Kerstin: *Swing. Lebe im Rhythmus der Schöpfung.* Down to Earth, Berlin 2004, 140 S.

Heavilin, Marilyn Willett: *Wenn Träume sterben. Loslassen – neu anfangen – wieder leben.* Verlag der Francke-Buchhandlung, Marburg 1993, 145 S.

Hendricks, Howard G. und William D.: *Man(n) braucht Freunde. Persönlich wachsen durch lebendige Beziehungen.* Brunnen, Gießen 1998, 216 S..

Hennig, Kurt: *Gottes Wort – Geleit im Sterben. Zum Dienst an Schwerkranken und Sterbenden.* Quell, Stuttgart 1984.

Howard, Rick und Lash, Jamie: *Das war dein Leben! Bereit, Gott von Angesicht zu Angesicht zu begegnen.* Asaph, Lüdenscheid 1999, 240 S.

Hybels, Bill und Mittelberg, Mark: *Bekehre nicht – lebe! So wird Ihr Christsein ansteckend.* Gerth Medien, Asslar 2001, 260 S.

Hybels, Bill: *Entfalte deinen Charakter. Praktische Schritte zu einem authentischen Leben.* Gerth Medien, Asslar 2004, 172 S.

Hybels, Bill: *Die Mitarbeiter-Revolution. Begeistert in der Gemeinde mitarbeiten.* Gerth Medien, Asslar 2005, 137 S.

Keller, Geri: *Vater. Ein Blick in das Herz Gottes.* Schleife Verlag, Winterthur 2003, 176 S.

Kischkel, Ursula und Arnd: *Ich habe dich berufen! Wie wir mit Gott unsere Gaben entfalten können.* Asaph, Lüdenscheid 2004, 88 S.

Kreider, Larry: *Sehnsucht nach geistlichen Vätern und Müttern.* Teamwork 17.12, Rosbach-Rodheim 2002, 200 S.

Küstenmacher, Werner Tiki mit Seiwert, Lothar J.: *Simplify your life. Einfacher und glücklicher leben.* Campus, Frankfurt am Main 2005, 388 S.

MacDonald, Gordon: *Wenn alles zerbricht. Schritte zu einem Neuanfang.* Gerth Medien, Asslar 2002, 280 S.

Maier-Gerber, Hartmut: *Sterben – der Höhepunkt des Lebens. Ein medizinisch-biblisches Zeugnis.* R. Brockhaus, Witten 2005, 80 S.

Mason, John: *Du kannst viel mehr! Das eigene Potential entdecken und besser nutzen.* Brunnen, Gießen 2005, 208 S.

McClung, Floyd: *Entdecke deine Berufung. Wie erkenne ich den Willen Gottes für mein Leben?* Aquila, Frankfurt am Main 1990, 64 S.

Nouwen, Henri J. M.: *Nimm sein Bild in dein Herz. Geistliche Deutung eines Gemäldes von Rembrandt.* Herder, Freiburg 2005, 171 S.

Opaschowski, Horst W.: *Der Generationenpakt. Das soziale Netz der Zukunft.* Primus, Darmstadt 2004, 253 S.

Prince, Derek: *Deine Berufung ist heilig. Wie man seinen Platz findet.* IBL, Trostberg 1997, 83 S.

Prince, Derek: *Tod – wo ist dein Stachel? Teilhaben am Sieg Christi über den Tod.* IBL, Trostberg 2004, 152 S.

Rösler, Klaus: *Vorbereitet sterben ... heute schon an morgen denken.* Oncken, Kassel 2004, 88 S.

Rommel, Kurt: *Ihre Erfahrung ist gefragt.* Quell, Stuttgart 1993, 94 S.

Ruhe, Hans Georg: *Methoden der Biografiearbeit. Lebensspuren entdecken und verstehen.* Beltz Edition Sozial, Weinheim 2003, 152 S.

Ruthe, Reinhold: *Loslassen – Wege zur Gelassenheit.* Hänssler, Holzgerlingen 2005, 64 S.

Sanders, J. Oswald: *Das Alter, die besonderen Jahre. Den dritten Lebensabschnitt gut vorbereiten und optimal gestalten.* Verlag der Liebenzeller Mission, Lahr 1999, 140 S.

Schäfer, Uwe: *Lebe deine Berufung ... mit Frucht und Leidenschaft.* Leuchter Edition, Erzhausen 2004, 107 S.

Schaible, Ulla: *Mein Glaube soll mitwachsen. Lebensphasen und Glaubensentwicklung.* Brunnen, Gießen 1996, 151 S.

Schaible, Günther: *Weiterkommen. Geistlich wachsen – Leben entfalten – Frucht bringen.* Wörnersberger Anker, Wörnersberg 2002, 60 S.

Scheffbuch, Kurt: *Andere verstehen – andere gewinnen. Impulse zur Gesprächsführung.* Hänssler, Holzgerlingen 1997, 130 S.

Scherer, Kurt: *... dass Leiden wertvoll werde.* (Alle aus der Reihe: *Impulse für das dritte Lebensalter.)* Johannis, Lahr 2002, 48 S.

Scherer, Kurt: *Die Jahre vertiefen.* Johannis, Lahr 2001, 48 S.

Scherer, Kurt: *Ruhestand oder »in Rufweite«?* Johannis, Lahr 2002, 48 S.

Scherer, Kurt: *Seelsorgerliches zum Umgang mit dem Sterben.* Johannis, Lahr 1999, 48 S.

Scherer, Kurt: *Wenn's ums Geld und Erben geht.* Johannis, Lahr 1999, 48 S.

Schladoth, Paul: *Glaube im Alter. »Auch wenn ich alt und grau werde, verlässt du mich nicht«.* Aschendorff, Münster 2004, 255 S.

Schott, Hanna (Hrsg.): *Kleine Herzen, große Liebe. Geschichten von Großeltern und Enkeln.* Aussaat, Neukirchen-Vluyn 2004, 128 S.

Schwarz, Christian A.: *Die 3 Farben deiner Gaben. Wie jeder Christ seine geistlichen Gaben entdecken und entfalten kann.* C & P Verlag, Glashütten 2001, 155 S.

Seamands, David A.: *Frei werden zum Leben. Versöhnt mit der Vergangenheit.* Verlag der Francke-Buchhandlung, Marburg 2004, 216 S.

Siegenthaler, Doris: *Gesund leben. Körper und Seele ins Gleichgewicht bringen.* Gerth Medien, Asslar 2004, 176 S.

Sinclair, Max und Bravo, Russel: *Leben mit Grenzen.* Brunnen, Gießen 1991, 48 S.

Stafford, Tim: *Zuversichtlich älter werden. Die sieben Lebensabschnitte im Alter.* Gerth Medien, Asslar 1993, 276 S.

Strobel, Lee: *Beim Wort zum Sonntag schalt' ich ab. Die Welt eines Kirchendistanzierten verstehen.* Projektion J, Wiesbaden 1995, 235 S.

Theobald, Dieter und Vreni: *Agenda 60 plus. Sichere Schritte in eine unbekannte Lebensphase.* Brunnen, Gießen 2005, 384 S.

Tibbe, Trudi und Johann: *Leben an der Grenze des Todes.* Neukirchener, Neukirchen-Vluyn 1981

Torrey, Reuben A.: *Sei bereit für die Ewigkeit.* Herold, Asslar 1992, 167 S.

Tournier, Paul: *Erfülltes Alter. Älter werden will gelernt sein.* Humata-Verlag, Bern 1999, 219 S.

Vanier, Jean: *In Gemeinschaft leben. Meine Erfahrungen.* R. Brockhaus, Witten 1999, 429 S.

Vogel, Nicoletta: *Mit Krankheit leben. Für chronisch Kranke und die sie begleiten.* Johannis, Lahr 2004, 64 S.

Wagner, Karsten: *Berufung – zurück zur Herrlichkeit Gottes.* IGNIS, Kitzingen 2005, 135 S.
Weber, Gerhard: *Lebensfreude bis ins hohe Alter. Begleitung von alten Menschen und Pflegekranken.* Hänssler, Holzgerlingen 2000, 117 S.
Werner, Roland: *Aufbruch zu Gott. Unterwegs zu einem reifen Glauben.* R. Brockhaus, Witten 2002, 112 S.
Willard, Dallas: *Das Geheimnis geistlichen Wachstums.* Projektion J, Asslar 2002, 318 S.
Willis, Norm: *Versöhnung und Freisetzung der Generationen. Wie geistliche Schätze von einer Generation zur anderen übertragen werden.* Trumpet Verlag, Pattensen 2002, 185 S.
Winkler, Tilman: *Erzähl mir deine Geschichte. Lebenserinnerungen festhalten.* Edition Johannes Kuhn, Quell Verlag, Gütersloh 1994, 96 S.

EMPFEHLENSWERTE BÜCHER IN ENGLISCHER SPRACHE

Anderson, Donald E.: *Keep The Fire! Approaching your senior years with perspective and passion.* Xulon Press, Longwood FL 2005, 276 S.

Arn, Win and Charles: *Catch the Age Wave. A handbook for effective ministry with senior adults.* Baker Book House, Grand Rapids MI 1993, 167 S.

Knox, Ian S.: *Older people and the Church.* T & T Clark, London 2002, 296 S.

Merchant, Robert: *Pioneering the third age.* Paternoster Press, Carlisle 2003, 177 S.

Palms, Roger: *Your best Years. Celebrate life after 50 by unleashing your ministry potential.* Resource Publications, Eugene OR 2003, 223 S.

Seymour, Robert E.: *Aging without Apology. Living the Senior Years with Integrity & Faith.* Judson Press, Valley Forge PA 1995, 2000. 130 S.

Taylor, Rhena: *Three score years – and then?* Outlook Trust GB 2004, 218 S.

Wiebe, Kathie Funk: *Bridging the Generations.* Herald Press, Scottdale PA 2001, 235 S.

ANMERKUNGEN UND ANSCHRIFTEN

1 Zur Zeit entsteht eine Handreichung für Gemeinden, die vom Amt für missionarische Dienste der evangelischen Landeskirche in Württemberg herausgegeben wird.

2 Alfons Auer in: Misereor ALTERnativen 4/2000, *Kulturen des Alters,* S. 3.

3 Eine gute Übersicht gibt Undine Kramer in dem Aufsatz: *Zur sprachlichen Diskriminierung des Alters* (www.verlag-gespraechs-forschung.de, 2003). Ferner: Annette Scholl: Altersdiskriminierung. Forum Seniorenarbeit NRW, Themenschwerpunkt 4/2005, www.forum-seniorenarbeit.de.

4 E. McEwen, Editor: *Age: The unrecognized discrimination.* Age concern, London 1990, S. 13–14.

5 Alterssurvey 2005, Deutsches Institut für Altersfragen (DZA), Berlin (www.dza.de).

6 Südwest Presse, Ulm, 3. Juli 2001.

7 Watchman Nee: *Sitze, wandle, stehe.* Der Strom, Stuttgart 2004, S. 56

8 Unterlagen über das Projekt und seine theologischen Grundlagen sind erhältlich beim *Center for Aging, Religion and Spirituality* (CARS), 2481 Como Avenue, Saint Paul, MN 55108-1496, USA, Telefax 001/6516 41-3425, E-Mail info@aging-religion-spirituality.com, www.aging-religion-spirituality.com.

9 In seinem Artikel: *Sich freuen auf den Himmel* in der Zeitschrift Aufatmen 1/2005, S. 6 (Bundes-Verlag, Witten).

10 Donald E. Anderson in seinem Buch: *Keep The Fire! Approaching your senior years with perspective and passion.* Xulon Press, Longwood FL, 2005, 276 S.

11 In einem Interview mit der Zeitschrift Buchjournal 4/2004, Seite 14 (Börsenverein des Deutschen Buchhandels, Frankfurt).

12 in: Katrine Trobisch Stewart: *Mehr als ein Augenblick. Wie ich mein persönliches Journal schreibe.* R. Brockhaus, Witten 2001, S. 20.

13 Paul Tournier: *Erfülltes Alter. Älter werden will gelernt sein.* Humata-Verlag, Bern 1999, S. 54–55.

14 Oskar Schnetter in seinem Buch: *Praxisbuch Seniorenarbeit.* Hänssler, Holzgerlingen 1989.

15 Zum Beispiel Ziegenheim: *Lebensgeschichte in Seniorenkreisen. Impulse für Gruppenstunden,* 28. Folge. Bildungswerk Süd

der EmK, Stuttgart 2003 (Giebelstr. 16, 70499 Stuttgart, E-Mail bildungswerk.ssw@emk.de, www.emk-bildungswerk.de), oder Bettina Ellerbrock: *Im Alter wird die Kindheit wach. Die Lebensrückschau als wichtiger Baustein für die Arbeit mit älteren Menschen.* Forum Seniorenarbeit, Köln 2005. Kuratorium Deutsche Altershilfe, An der Pauluskirche 3, 50677 Köln, Telefon 0221/931847-0, Telefax 0221/931847-6, E-Mail info@kda.de, www.forum-seniorenarbeit.de.

16 *Rede über das Altwerden.* In: Rhönbrief März 2005 (Christliche Gästehäuser Hohe Rhön, Bischofsheim).

17 Etwa 100 solcher Seniorenakademien sind aufgelistet unter www.geroweb.de.

18 Es gibt kostenlose Materialien zum Trainieren der geistigen Fitness. Bei Dr. Willmar Schwabe Arzneimittel (Willmar-Schwabe-Str. 4, 76227 Karlsruhe, Telefon 0721/4005-0, Telefax 0721/4005-630, E-Mail info@schwabe.de, www.schwabe.de) erhält man zum Beispiel die Broschüre: *Was das Gehirn zum Funktionieren braucht* und die CD-ROM: *Kopfsache interaktiv* zum Üben mit dem Computer. Anspruchsvoller ist die auf Untersuchungen der Universität Erlangen basierende CD von Wolf D. Oswald: *SimA-basic-PC – Gedächtnistraining und Psychomotorik.* Hogrefe Verlag, Göttingen 2005.

19 Nähere Informationen gibt es bei Alpha Deutschland e. V., Obere Karlstr. 29, 91054 Erlangen, Telefon/Telefax 0700/25742587, E-Mail info@alphakurs.de, www.alphakurs.de.

20 John Wesley, britischer Erweckungsprediger und Mitbegründer des Methodismus (1703–1791), initiierte seelsorgerlich und auf geistliches Wachstum ausgerichtete Kleingruppen, in denen folgende Fragen gestellt und ehrlich beantwortet werden sollten:

1. Welche Sünden hast du seit dem letzten Treffen begangen?
2. Welchen Versuchungen warst du ausgesetzt?
3. Wie hast du sie überwunden?
4. Was hast du gedacht, gesagt oder getan, wovon du nicht überzeugt bist?

21 Mut zur Gemeinde, Arbeitsgruppe 55plus, Hans Bürgi, Hofenstr. 41, CH-8708 Männedorf, Telefon/Telefax 0041/44/9216325, E-Mail 55-plus@cevi.ch, www.mut-zur-gemeinde.ch.

22 *The Outlook Trust – Reaching Older People With The Good News of Jesus Christ,* www.outlook-trust.org.uk.

23 Evangelisches Seniorenwerk (ESW), Gerokstr. 17, 70184 Stuttgart, Telefon 0711/2159-136, Telefax 0711/2159-550, www.evangelisches-seniorenwerk.de.

24 Hans Bürgi (Mut zur Gemeinde) in: *55plus Information,* Winter 2003/2004, S. 1.

25 Ausführlicher bei Heinrich Kaufmann, *Jenseits des Erwerbslebens, in:* Gemeinschaft 2/2005, S. 13–16.

26 Zu den über 90-Jährigen zählten in Deutschland 1950 19 000 Personen, im Jahr 2000 350 000 Personen. 2020 wird mit einer Million dieser Hochbetagten gerechnet.

27 Oskar Schnetter in: Deutsches Pfarrerblatt 95/1995, S. 590.

28 Paul Tournier: *Erfülltes Alter. Älter werden will gelernt sein.* Humata-Verlag, Bern 1999, Teil 4 ab S. 108.

29 Karl Rahner, *Zum theologischen und anthropologischen Grundverständnis des Alters.* In: Karl Rahner, *Schriften zur Theologie,* Band 10, Einsiedeln – Zürich – Köln 1993, S. 315–325.

30 Alexander Foitzik in: Herder Korrespondenz 49/1995, S. 281 (Verlag Herder, Freiburg).

31 *Senior Experten Service,* Buschstr. 2, 53113 Bonn, Telefon 0228/26090-0, Telefax 0228/26090-77,
E-Mail ses@ses-bonn.de, www.ses-bonn.de.
Christliche Fachkräfte International e. V., Wächterstr. 3, 70182 Stuttgart, Telefon 0711/21066-0, Telefax 0711/21066-33, E-Mail info@cfi-stuttgart.de, www.cfi-stuttgart.de.
Hilfe für Brüder e. V., Schickstr. 2, 70182 Stuttgart, Telefon 0711/21021-0, Telefax 0711/21021-23, E-Mail info@hfb.org, www.hfb.org.
AusZeit-Büro, Sr. Iris Daut, Diakonissen-Mutterhauis Lachen, Flugplatzstr. 91–99, 67435 Neustadt/Weinstraße, Telefon 06327/983-215, Telefax 06327/983-200.

32 University of the Nations, Youth With A Mission, 75-5851 Kuakini Hwy, Kailua-Kona, Hawaii, USA, www.uofn.edu.

33 Arbeitskreis Kirchenraum und Kirchenpädagogik, Elfriede Staib, Gymnasiumstr. 36, 70174 Stuttgart, Telefon 0711/2068-261, E-Mail elfriede.staib@elk-wue.de.

34 Das Amt für missionarische Dienste der evangelischen Landeskirche in Württemberg lädt mehrmals im Jahr zu *Multiplikatorentreffen* im Großraum Stuttgart ein. Dort kommen Personen mit Erfahrung in evangelistischer Seniorenarbeit aus verschiedenen

Werken, Gemeinden und Denominationen zusammen. Das ergibt einen fruchtbaren Erfahrungsaustausch und manche Zusammenarbeit (Amt für missionarische Dienste, Gymnasiumstr. 36, 70174 Stuttgart, Telefon 0711/2068-0, Telefax 0711/2068-345, www.gemeindedienst.de/missionarische_dienste). Das Evangelische Seniorenwerk (s. Anmerkung 23) führt in Zusammenarbeit mit einem Team Konsultationen und Tagungen für Mitarbeiter im Seniorenbereich durch. Dabei wurde ein *Christliches Seniorenforum* (CSF) gegründet.

35 *Bildungsinitative e. V.*, Weiler Schafhof 32, 83230 Kirchheim unter Teck, Telefon 0700/24837925, Telefax 0700/24329686, E-Mail info@bildungsinitiative.net, www.bildungsinitiative.net.

Bildungszentrum Elstal, Institut für Seelsorge und Psychologie, Johann-Gerhard-Oncken-Str. 7, 14641 Wustermark, Telefon 033234/74-166, Telefax 033234/74-167, E-Mail InstitutSeelsorge Psychologie@baptisten.org, www.bildungszentrum-elstal.de.

BTS Fachgesellschaft für Psychologie und Seelsorge gGmbH, Lauterbadstr. 74, 72250 Freudenstadt, Telefon 07441/869931, Telefax 07441/869932, E-Mail info@bts-ips.de, www.bts-ips.de.

Haus der Stille, Friedrich-Wilhelm-Krummacher-Haus, Hauptstr. 94, 17498 Weitenhagen bei Greifswald, Telefon 03834/8033-0, Telefax 03834/8033-11, E-Mail anmeldung-hds@weitenhagen.de, www.weitenhagen.de.

IGNIS-Akademie für Christliche Psychologie, Kanzler-Stürtzel-Straße 2, 97318 Kitzingen, Telefon 09321/1330-0, Telefax 09321/1330-41, E-Mail info@ignis.de, www.ignis.de.

Kirche im Aufbruch e. V., Nordalb 1, 73326 Deggingen, Telefon 07334/9218-0, Telefax 07334/9218-11, E-Mail info@nordalb.de, www.kirche-im-aufbruch.de.

Mut zur Gemeinde, Nuechtalstr. 26, CH-5415 Nussbaumen bei Baden, Telefon 0041/56/2901060, Telefax 0041/56/2901064, E-Mail mzg@cevi.ch, www.mut-zur-gemeinde.ch/seelsorge.

Schloss Craheim, 97488 Stadtlauringen, Telefon 09724/9100-0, Telefax 09724/9100-55, E-Mail info@craheim.de, www.craheim.de.

SURREXIT Heilung und Neuorientierung durch biblische Seelsorge e. V., Gerda Krüger und Ursela Pauly, Hans-Sachs-Str. 5, 71638 Ludwigsburg, Telefon 07141/902827, Telefax 07141/902837, E-Mail info@surrexit.de, www.surrexit.de.

TEAM.F – Neues Leben für Familien e. V., Honseler Bruch 30, 58511 Lüdenscheid, Telefon 02351/81686, Telefax 02351/80664, E-Mail info@team-f.de, www.team-f.de.
Weitere Angebote in: *Der Beratungsführer 2005/2006. Seelsorge und Therapie in christlichen Einrichtungen.* R. Brockhaus, Witten 2005, 344 S.

36 Pamela Rosewell-Moore, *Ich verstand ihr Schweigen. Corries letzte Jahre.* R. Brockhaus, Witten 1999.

37 Tagungsstätte Stift Urach, Einkehrhaus der Evangelischen Landeskirche in Württemberg, Bismarckstr. 12, 72574 Bad Urach, Telefon 07125/9499-0, Telefax 07125/9499-99, E-Mail info@stifturach.de, www.stifturach.de.

38 Abgedruckt in: Reinhard Abeln und Anton Knehr, *Sieh auf das, was vor dir liegt.* Vier-Türme-Verlag, Münsterschwarzach 1999, S. 86–87.

39 In einer Sendung des Evangeliums-Rundfunks (www.erf.de) vom 24.8.2001.

40 In: ideaSpektrum 5/2002.

41 Marktkirche Poppenbüttel (Poppenbüttler Markt 2, 22399 Hamburg, Telefon 040/6022076, Telefax 040/6063308, E-Mail info@marktkirche-online.de, www.marktkirche-online.de), Pastor Reinhard Steffen in: GGE-Freundesbrief 15/2004, Seite 5.

42 Kinder-Evangelisations-Bewegung in Deutschland e. V., Am Eichelsberg 3, 35236 Breidenbach, Telefon 06465/9283-0, Telefax 06465/9283-20, E-Mail zentrale@keb-de.org, www.keb-de.org

43 Gordon MacDonald, *Wenn alles zerbricht. Schritte zu einem Neuanfang.* Gerth Medien, Asslar 2002, 280 S.

44 Frauke Bielefeldt beschreibt in ihrem Buch: *Wie ein Schmetterling im Käfig. Perspektiven für ein Leben mit Krankheit* sehr eindrucksvoll die seelsorgerlichen Aspekte von Menschen, deren Leben durch Krankheit stark eingeschränkt ist (Gerth Medien, Asslar 2005, 260 S.).

45 Donald E. Anderson legt den Philipperbrief in seinem Buch: *Keep The Fire! Approaching your senior years with perspective and passion* (Xulon Press, Longwood, Florida, 2005, 276 S.) in diesem Sinne für ältere Menschen aus.

46 Julie A. Gorman: *New Significance and Identity: A Practical Theological Perspective.* Chapter 12 in: Derrel R. Watkins (Ed.): *Practical Theology for Aging.* The Haworth Press, Binghamton NY 2003,

S. 171–186. (Der zitierte Text wurde vom Autor auszugsweise ins Deutsche übertragen.)

47 Ernst Ginsberg, *Abschied*. Herausgegeben von Elisabeth Brock-Sulzer, Arche, Zürich/Hamburg 1991, 261 S.

Über E-Mail hoernicke@neufeld-verlag.de oder über den Neufeld Verlag, VdK-Straße 21, D-92521 Schwarzenfeld, Telefax 0 94 35/50 24 83, kann man Kontakt zum Autor dieses Buches aufnehmen.

Der von Dr. Heiko Hörnicke redigierte Rundbrief »Initiative Gottes Berufung nach dem Beruf« kann bei den Christlichen Gästehäusern Hohe Rhön, Fischzucht 1, D-97653 Bischofsheim, Telefon 0 97 72/93 04-0, Telefax 0 97 72/93 04-19, E-Mail info@hohe-rhoen.org, bestellt werden.